단테의 일생

Life of Dante published by Hesperus Press Limited, 2002
English language translation and Introduction © J. G. Nichols, 2002

이 책의 한국어판 저작권은 저작권사와 독점 계약한 옮긴이에게 있습니다.
저작권법에 의해 한국 내에서 보호를 받는 저작물이므로 무단 복제 및 무단 전재를 금합니다.

단테의 일생

초판 1쇄 발행 2022년 4월 13일

지은이 조반니 보카치오
영역 J.G 니콜스
옮긴이 진영선
펴낸이 장현수
펴낸곳 메이킹북스
출판등록 제 2019-000010호

디자인 김지혜
편집 김지혜
교정 안지은
마케팅 정지윤

주소 서울특별시 구로구 경인로 661, 핀포인트타워 912-914호
전화 02-2135-5086
팩스 02-2135-5087
이메일 making_books@naver.com
홈페이지 www.makingbooks.co.kr

ISBN 979-11-6791-141-4
값 12,000원

ⓒ 진영선 2022 Printed in Korea

잘못된 책은 구입하신 곳에서 바꾸어 드립니다.
이 책의 전부 또는 일부 내용을 재사용하려면 사전에 저작권자와 펴낸곳의 동의를 받아야 합니다.

홈페이지 바로가기

메이킹북스는 저자님의 소중한 투고 원고를 기다립니다.
출간에 대한 관심이 있으신 분은 making_books@naver.com로 보내 주세요.

단테의 일생

조반니 보카치오 저
J.G 니콜스 역

진영선 옮김

메이킹북스

차 례

서문 ・5

들어가며 ・12

❦ 단테의 일생

제1장 서문 ・21

제2장 단테의 탄생과 교육 ・26

제3장 베아트리체를 향한 단테의 사랑과 그의 결혼 ・33

제4장 단테의 가족 부양, 영예, 추방 ・45

제5장 피렌체에서의 단테의 도주와 여행 ・51

제6장 단테의 죽음과 영예로운 장례 ・57

제7장 피렌체 시민 성토 ・61

제8장 단테의 외모, 생활 태도, 습관들 ・70

제9장 시에 관한 여담 ・77

제10장 시와 신학의 차이 ・83

제11장 시인들에게 수여하는 월계관 ・89

제12장 단테의 우수성과 결점 ・93

제13장 단테가 쓴 다른 작품들 ・99

제14장 '신곡'을 쓰는 과정에 일어난 사건들 ・103

제15장 '신곡'을 일상어로 쓴 이유 ・109

제16장 군주론과 다른 작품들 ・112

제17장 단테 어머니의 꿈에 대한 설명과 결론 ・116

니콜스의 주 ・127

서문

  이탈리아의 가장 위대한 시인 단테 알리기에리의 생애는 그의 『신곡』에 들어 있다.
  신곡의 특이한 세 단계 여행은 캄캄한 숲에서 [우리 인생의 여행 중반에서]라고 시작하여 하나님 자신의 축복 내지 환영을 보는 것으로 마친다.

  단테의 이 놀라운 시는 비이탈리아 언어권 사람들 대부분에게 가장 읽히지 아니하는 위대한 작품이다. 그들은 신곡을 읽기 시작하며 어디서부터 읽어야 좋을지 모르는 어려움에 부딪친다.
  그 첫 권 지옥을 들었다면, 번역판일지라도 고전 문학, 신화, 중세 철학, 신학에 관한 끝없는 암시의 주해와 13세기 이탈리아 사람들의 적대적인 두 집단 사이의 불가해한 증오와 투쟁들에 직면한다. 그러면서 머리로는 단테가 겔프당인가, 기벨린당인가, 흑당인가, 백당인가 가려내다 그가 처음에 어느 쪽에 속하였는지 잊고 만다.

우리는 어떤 면에서 넘치는 교육을 받아야 한다.

무엇인가 읽기 위하여 우리는 시험 하나를 통과해야 함을 느낀다.

우리는 주해 없이 셰익스피어를 대하기 겁낸다.

오페라를 가기 위하여 먼저 그 레코드를 여러 번 듣거나 그 악보를 읽어보며 우리 스스로 준비를 한다. 우리의 앞선 세대들은 위대한 작품들이 어떤 것인지를 알기 위하여 이처럼 온 힘을 기울여 그것을 지켜왔다.

신곡에는 많은 것이 있는데 그 안에 자서전이 하나 있다. 단테 자신이 항상 신곡 무대 중심에 있어서다. 그의 상황은 극적이며 감상적이다. 그 무대엔 인류의 타락, 정화, 구원의 이야기와 피렌체에서 정치적 출세를 했던, 한 남자가 지지하던 정당이 몰락해, 권력에서 추락하고 사랑하던 나라에서 추방당해 귀향코자 평생 추구한 이야기들이 있다.

그의 방황과 향수병은 천국에서 추방된 인류의 상징이 다. 지옥과 정화의 층(원) 안에서 신화와 역사의 위대한 죄인들과 만나는 것은 물론이거니와 그 자신의 인생에서 만난 스승들, 동료들, 적들과도 끊임없이 마주친다. 천국에서 자신의 조상 카치아구이다를 만남으로 로마인의 족보까지 자랑스레 거슬러 오른다.

'카치아구이다부터 단테까지'라는 바바라 레이놀즈의 주해는 '뛰어난 선조들의 혈통뿐만 아니라 피렌체의 과거 사건들, 기독교 국가의 역사, 죄와 구속의 상속, 십자가의 영광과 부담도 흘러넘친다'고 한다. 카치아구이다는 피렌체가 건실한 공화정의 지방 자치제였던 한때를, 정당한 용기의 이상과 정직이 우세했던 시기였다고 추억한다. 피렌체의 쇠퇴는 실제로 단테의 눈에는 죄와 타락으로 저물어가는 세계 멸망의 비유로 보였다. 카치아구이다는 황제 콘라드 3세 때 제2십자군에서 활동하다 죽은 그리스도를 위한 전사였다.

단테 전기의 모든 것이 비유화하며 일반화되었다. 모든 사람이 다 아는 그에 관한 한 가지 자전적인 사실은 아홉 살에 한 은행가의 딸 베아트리체를 만난 일이다. 그녀에 관한 영적인 강박관념은 그녀가 24세에 죽었기에 더욱 열중하게 된다. 신곡의 전체적인 영의 여행은 부분적으로 이 잃어버린 사랑의 환영을 다시 얻으려는 시도로도 보인다. -이는 전적으로 육적인 사랑은 아닐지라도 그의 인생의 가장 깊은 열정이다.

후에 그의 연인들 중의 하나로 '고상한, 또는 친절한' 숙녀라고 알려진 분명히 그와 염문이 있었던 숙녀는 신학을 뜻하고 '축복을 가져오는 자'인 [베아트리체]의 기억에서 그를 철학으로 끌어내린다고 그의 다른 작품들에서 비유했다. 이 모든 일들은 단테의 일생이 그의 시와 예술의 기본 구성임을 밝히는 데 충분하다.

지오반니 보카치오는 『데카메론』의 저자로 알려져 있다. 이는 풍부하게 편집한 이야기들로 주로 야한 연애 이야기들이다. 초서의 『캔터베리 이야기』에 영향을 주었다.
보카치오는 단테의 첫 자서전 작가이다.
그는 단테가 죽은 다음 피렌체에서 강연을 하여 단테의 생애와 작품을 전하였고, 또한 단테의 작품의 위대한 첫 번째 해설자가 되었다.

보카치오의 『단테의 일생』은 현대 독자들에게 단테를 소개하기에 좋은 책이다. 특히 자신들을 포스트모던이라 생각하는 독자들을 위하여 한결 더 좋다. 그 이유는 보카치오가 이 책에서 단테의 실질적인 일생을 쓰려고 시도하지 않았기 때문이다. 단테에 관하여 논박의 소지가 없는 사실들은 극히 적다.

단테가 정말로 그가 주장한 대로 파리에 신학을 공부하러 갔

없는지는 모른다. 프란시스코 학파일 수도 있다. 이러한 사실들을 그의 시에서 상징적으로 사용했는가를 알 수 없다. 왜냐하면 보카치오 자신이 시인으로서 단테 자신의 환상과 그의 환상 세계에 각별한 평상심을 가지고 들어갔기 때문이다.

그는 현대 작가들이 하듯이 조사를 하지 않았다.
왜냐하면 그 '실재의 단테'는 불만족스런 아내들의 책상서랍과 버림받은 안주인들, 또는 무시받는 아이들 사이에 있었기 때문이다. 대신, 그는 가장 명쾌한 장소인 단테의 작품에서 조사를 하였다.

참으로 우리도 보카치오에게 그 위대한 남자들과 여자들 과거의 어떤 면을 알고 싶어 하는 중요하고 기탄없는 정보에 어느 정도 빚을 지고 있다.
예를 들면, 보카치오는 우리에게 단테가 어떻게 생겼는가를 말해주기 때문이다: '그는 항상 그 나이에 알맞게 유행하는 좋은 옷을 차려 입었다. 그의 얼굴은 길고 매부리코를 가졌고 눈은 큰 편이고 턱도 크다. 아랫입술이 윗입술보다 나왔고 안색은 어둡고 머리칼과 수염은 구불거렸다. 그의 표정은 우울하고 사려 깊었다.'

우리가 그 시인에게서 불행한 결혼의 그 어떤 연극적인 요소를 기대한 대로 보카치오는 단테가 추방당했을 때 부인을 동반하지 않았다고, 그리하여 행복에 넘친 환상으로만 남는 그의 송시만큼의 장점은 없다고 인정하며 그의 부인이 단테의 일생에서 유일한 여자로 보인다고 주기했다.

'구매자가 구입한 모든 것이 이것을 사기 전에 그 구매자가 사려고 하였던 것인가는 그 부인을 제외하고는 누가 알겠느냐?'며 보카치오는 단테와 그의 부인을 『데카메론』의 어울리지 않는 우스꽝스런 부부들처럼 보인다고 잠시 말하기도 한다.

어쨌거나 보카치오는 일생의 대부분을 시인 단테의 본성을 표출하는 데에 헌신하였다. 비록 이 책이 한 남자가 살면서 고통을 받고 죽은 것을 연계시켰을지라도 엄밀한 의미의 현대적인 자서전은 아니다.

이것은 『신곡』이나 『데카메론』처럼 상상의 작품이다.

이것은 단테의 어머니의 예언적인 꿈에서 시작한다. 그녀가 월계수나무 아래 떨어진 열매를 먹은 한 소년을 낳았으며 그는 월계수 잎사귀를 가진 양치기로 자라고 그다음에 현란한 공작새로 변한다는 꿈이다. 이 이야기는 전적으로 비실재적인 그 초상에 관한 보카치오의 설명으로 끝난다.

 이는 한 위대한 예술가에 대하여 그 사적 생활의 가십거리 일상보다는, 오직 그 작품의 영의 본질에만 우리 초심의 관심을 두어야 한다는 깨우침이다.
 보카치오의 『단테의 일생』은 그에 관해 쓴 수천 권의 책 중 처음일 뿐 아니라, 감성이 훨씬 앞선 책이다. 왜냐하면 그의 환상을 가지고 단테 자신의 중대 관심사를 우리에게 설명하며 그 환영을 보다 분명히 이해하도록 우리를 돕기 때문이다.

― A. N 윌슨. 영국 인기 작가, 이브닝 스탠다드 논설 문학평론 ―

들어가며

　보카치오의 『단테의 일생』은 아마 최초의 현대문학 자서전이라 일컬을 만하다.
　이 책은 분명히 단테 자서전의 첫째이며 그 이후에 이를 따르는 전기 작가들에게 여러 사실의 근원이 된다. 이 책의 현대성은 매우 놀랍다. 보카치오는 오늘의 모든 전기 작가들과 독자들이 좋아하는 그 전기에 관한 개인적 일상도 자세히 일러준다. 단테가 어떻게 생겼고 어떤 옷을 입었는지 말해주며 그의 독특한 개성의 흔적들 몇 가지를 기술한다. 그는 단테 자신이 『신생』에 쓴 것보다 단테와 베아트리체의 그 첫 만남의 효과를 보다 자세히, 심리적으로 일어남직한 일들도 몇 가지 추론한다. 심지어 추방 기간 중 그의 부인이 재정적으로 어떻게 견뎠는가도 말한다. 이는 현재의 우리에게 필요하지 않으나 그 당시 그녀에겐 절박한 일이었고 그 배후의 도움의 치밀함을 말해줌으로 작가의 친밀감 정도를 확인하게 한다.
　보카치오는 관심 있는 독자들조차 따라가기 어려운 단테 당시 피렌체 정치의 복잡한 윤곽을 밝히며, 단테의 개성인 성실

함의 일면을 더욱 부각하여 그 고향 도시에 만연했던 그 악함과 투명하게 대비한다. 비록 보카치오가 자신의 글에서 피렌체의 가장 위대한 아들을 찬양하는 것이 목표라 공언했을지라도 -이탈리아어로 쓴 이 책의 평범한 제목은 '단테를 찬양하는 짧은 수필 A short essay in praise of Dante'- 그는 우리에게 단테의 실수들을 쓰면서도 이를 현대의 작가들처럼 떠벌리지 않고 수용한다. 같은 세기의 사케티F. Saachetti가 나중에 그 형식적 절차를 무시하고 쓴 한 일화에서 보카치오가 수용하는 그 힘을 느낄 수 있다. 이는 단테가 여전히 그의 고향에 살고 있던 때 그의 집 근처, 포르타 피에로Porta di san Piero 지역을 지나다 생긴 일이다.

'…한 대장장이가 모루 작업을 하면서 단테의 시를 그 당시 유행대로 노래 부르며 그 시구를 올리고 내리고 덧붙였다. 그에 단테는 심히 모욕감을 느꼈다. 그는 아무 말 없이 그 대장장이의 기구를 모아두는 그의 일터 위로 올라간 다음 망치를 들어서 길거리로 내던졌다. 이어서 집게발도, 저울도 집어 던졌다. 그는 많은 기구들을 던졌다. 대장장이가 화가 나서 외치기를, 이 무슨 해괴망측한 짓이오, 당신 정신 나갔나 하니 단테는, 나도 당신이 무엇을 하는지 묻는 거요, 하였다. 대장장이는, 나는 나의 일을 하는 중이오. 그런데 당신은 나의 집기들을 거리에 내던져 망치고 있소, 하니 단테가, 당신이 만일 당신의 물건들을 망치지 않기를 바란다면, 그와 같이 나의 것도 망치지 마시오, 하였다. 그런데 내가 어떻게 당신의 것을 망쳤소, 하고 대장장이가 물으니 단테는, 당신이 나의 시를 노래하며 내가 쓴 대로 부르지 않았소, 이는 내가 가진 유일한 직업인데 당신이 나의 것을 망치고 있었소, 하였다. 이에 대장장이는 정말로 화가 났지만 어찌 대답할 바를 몰라서 그의 물건들을 주워 모아 그의 일터로 돌아갔다. 그 이후 그는 노래를 하고 싶으면 트리스탄과 란슬롯을 노래하고 단테의 시는 부르지 않았다.…'

(Il Trecentonovelle에서)

지오반니 보카치오는 단테의 전기를 쓰기에 예외로 뛰어난 자질이 있었다. 그는 피렌체 출신에다 단테의 딸 베아트리체, 단테의 조카, 적어도 단테의 가까운 친구 두 사람, 그리고 그 위대한 사랑 베아트리체 포르티나리의 가까운 친척과도 친분이 있었다. 비록 두 사람은 만난 적이 없지만 ―단테는 보카치오가 태어났을 때 48세이고 추방당한 지 13년째였다.― 그 두 사람은 실제의 배경과 지성적인 배경도 매우 비슷했다. 결과적으로 보카치오는 고향 도시의 역사와 정치, 또 시poem에 대하여 그리고 이탈리아와 그 역사에 대하여 쓸 때 자신이 아는 것뿐 아니라 그 모든 사건에 깊이 관련한 일들도 쓸 수 있었다. 그의 문학 관련 논의들 ―시의 기원, 신학에 대한 시의 관계, 계관 시인을 위한 사유들— 은 현대 독자들에게 단순히 어렵게 보이는데 이는 우리가 이런 일들을 21세기 견지에서만 보기 때문이다. 그러나 이런 일들에 대한 선입견이라는 훼방은 우리를 항상 건실하게 지켜준다. 더군다나 보카치오는 단테처럼 정신적으로 육체적으로 같은 장소에서 시작하여 그 시대를 대표할 수 있으며 이를 나타내는 데 아무 어려움이 없다. 금상첨화는 보카치오가 천재적인 문학인이라는 사실이다. 그의 가장 유명한 작품은 물론 데카메론이며, 그에 대한 평은 단테의 최고 친구인 귀도 카치아구이다가 그의 '마음에 있는 재치에 불꽃을 당긴다.'고 한 좋은 예가 있다. 그의 문학적 능력과 설득력은 단테에 관한 그의 일생이 충분히 보여준다. 단테에 관하여 말할 때 그의 의식적인 실리성과 문학적인 오묘한 구사라는 양면성은 우리를 설득하며 우리를 움직인다. '물론 나는 이런 일들이 단테의 몫으로 떨어진 것이라고 단언하지 못한다. 왜냐하면 나도 모르기 때문이다.' 이런 말이야말로 우리가 전기 작가들에게 항상 요구하는 정직성이다. 독자들로 하여금 그 전기 작가에게 끌리게 하는 바른 설득력이다.

 단테, 페트라르크, 보카치오는 이탈리아 문학을 일으킨 아버지들이다. 우리는 이렇듯 가장 위대한 분들 가운데 다른 두 사람 중, 한 사람에 의한 전기 작가를 가지는 특별한 행운을 누린다. 영국에서 우리가 누리지 못하는 무엇인가를 말한다면, 벤 존슨에 의한 셰익스피어를 상세히 연구한 전기라든가, 또는 초서의 전기가 있는가 하는 점이다. 혹시라도 우리가 이를 쓸 만큼 적합한 현대의 작가가 있는가?

  이 보카치오의 단테 전기가 결점이 없는 것은 아니다. 오래도록 많은 공개 비판을 받아오는 부분이 있는데 결혼에 관한 제3장이다. 이도 어느 정도는 방어가 가능하다. 보카치오는 그 결혼이 모두를 위하여 알맞은 진술이 아닌 단순한 의미라며 철학자들을 위한 것도 분명히 아니라고 한다.(그가 뜻하는 것은 문학가와 학자들이다.) 그러므로 이를 '실내의 유모차' 같은 14세기 판의 지적이고 창조적인 시도의 방해로 간주할 수 있다. 실로 보카치오는 이를 훨씬 뛰어넘는다. 우리가 할 수 있는 그 무엇이나 그의 견해 안에 들어 있어서 예술적으로 이를 초월한다. 특히 자신의 비난에 대한 어떤 점에서나 단테가 받은 고통에 대해 조금도 아는 바가 없다는 보카치오의 언급을 우리는 수용해야 해서다. 단테의 고통의 초기 항목들―'단테는 그 사랑에 대한 맹렬함과 그칠 줄 모르는 열정의 먹이로서 아내가 있고 공공의, 개인의 책임이 있었으며 추방과 빈곤의 고통을 받았다.'―은 유머러스하게 보일 수 있고 강한 여성 혐오증과 관습의 경향인 결혼의 비애를 말하는 듯하다.(초서의 『욕실의 아내』

머리말)

　어쨌거나 끝으로 이 기나긴 공방이 보카치오에 관하여는 너무 많은 것을 드러내나 정작 단테에게는 아무것도 아닌 일일 수 있다. 우리를 놀라게 하는 여러 과정들이 있는데, 이는 사물을 보는 방식이 지나쳐 자기만족을 끌어내려는 가당찮은 일들로 여긴다. 단테의 어머니가 그를 배었을 때 꾼 꿈이 있다. 이는 아주 자세하고 고상하게 채색되었다. 그러나 그런 꿈들은 흔하여서 한 어머니가 자기 아들이 특별한 사람이 되리라고 꾸는 꿈은 특별하지 않다고 생각한다. 그러나 여기서 지금 특별한 일은 그녀가 옳았다는 사실이다. 보카치오의 그 꿈의 비유적인 설명은 독창적이고 섬세하다. 그가 강조할지라도 이는 '매우 독특한 해설'이어서 이상스럽기도 하지만 참으로 심리학적으로 우리 꿈을 해석하는 프로이트 이전 우리 자신들의 자연스런 사랑보다 훨씬 색다르다.

　잃어버렸다가 단테의 아들 이아코포Iacopo가 다시 찾은 천국 열세 편만 보아도 꿈이란 한 번 더 그 안의 가능성이 없는 것은 아니라는 생각이 든다. 이아코포는 그 벽의 구멍을 정말로 모르고 있었을까? 아니면 한번은 그가 이를 알고도 잊어버렸다가 그 꿈으로 기억해낸 것은 아닐까? 이리하여 나는 심리학적으로 보카치오가 섭리로 본다는 해석을 한다. 두 해석을 서로 배제할 필요도 없다.

  보카치오는 단테의 작품들에 대한 선구자들과 현대인들에게 단테의 우월성이 지금처럼 분명하지 않을 때, 또한 그의 우월성을 그의 후계자들이 겨우 생각할 수 있었을 그 훨씬 이전에 초기 열성분자였다. 특히 그의 고향 도시에서 단테의 작품들은 그의 초기 시절부터 자주 굉장한 의혹의 표적이 되었다. 그리하여 그곳에서 단테의 『군주론』을 불에 태웠던 볼로냐의 한 추기경이 있었다. 그 추기경은 또한 단테의 뼈들도 파내어서 불태워 버리기를 원했으나, 그 설득에 어려움이 있었으며, 이는 참으로 불필요한 짓이었다. 그 후 200년도 더 지나서야 한 피렌체인이 편집한 『신생』이 겨우 무단 삭제한 형식으로 인쇄할 수 있는 허가를 받았다. 이렇게 위대한 빚을 우리는 보카치오에게 졌는데 이는 그만의 독특한 단테의 중요성 인식 덕분이다. 그가 또한 우리에게 제공하는 이 책은 한 위인의 이해를 위한 큰 도움뿐만 아니라, 문학 작품으로서의 진수도 간직하고 있다.

— 역자, 존 고든 니콜스 John Gordon Nichols, 2002 —

단테의 일생

'단테는 말한다.'

내 이름은 단테,
내 마음은 재치로 가득 차 있다.
이 세상은 여전히 기적으로만 보는 한 구덩이에 관하여
저절로 웅변을 토하여 알리고 싶은.

나는 깊은 환상 속에서 그 왕국들을 가로질러 갔다,
죽은 자들의 불행한 나라와 행복한 나라를.
그래서 나의 책은 읽을 가치가 있다
이 세상이나 저 세상의 방식으로.

나의 어머닌 유명한 피렌체,
자신의 친자식에게 사악한 계모 같은.
악한 혀로써 잘못을 저지른 자들은
영예가 없음을 알고 있다.

내가 쫓기어 났을 때, 라벤나는 나를 데려가
내 육신을 머물게 하였다.
그러나 나의 혼은 아버지께서
영원히 시기가 판치지 아니하는 곳에 보존하신다.

제1장
서문

 고대 그리스에 거룩한 지혜로 가득 차 인간 신전이라 불리는 솔론이라는 철학자가 있었다. 솔론[1]이 세운 신성한 법률은 고대인의 빛나는 정의로서 고대 국가 기초의 토대를 권선징악의 정확성에 두었다. 사람이 두 발로 서는 것처럼 나라도 선과 악의 잣대를 조금이라도 소홀히 여기면 균형을 잃고 쓰러져 망한다고 했다. 이를 잘 따른 번성한 고대 국가들에 아시리아, 마케도니아, 그리스, 로마 제국이 있다. 그러나 피렌체는 이 훌륭한 본보기를 따르지 않고 멀리 벗어나 방황하고 있다.
 나만이 아니라 이성을 가진 사람은 누구나 보듯이 고통스러운 노력은 전혀 없이 악하고 심술궂은 자들이 고위직에 진출하고 최고위 직책까지 올라 상을 받으며, 선한 사람들은 쫓겨나

---

[1] **솔론Solon**(B.C.640-B.C.560): 그리스 7현자의 1인.
아테네의 정치가, 시인. 살라미스 섬 영유를 둘러싼 메가라인들과의 전투에서 명성을 얻어 집정관 겸 조정자로 선정되어 전권 위임을 받는다. 빈부의 극심한 차이로 빚어지는 사회 불안 개선을 위해 솔론의 개혁이라 부르는 여러 개혁을 단행한다. '부채의 조정 폐기', '채무 노예의 해방과 금지'를 단행하여 가난 구제에 힘썼다.

낙심하고 비천해진다는 사실이다. 그런데 이 나라의 주권을 쥐고 있는 자가 누구인가 생각해 보라. 이런 일을 행한 자들을 위해 신의 정의가 그 끝에 준비해 둔 것이 무엇인가를. 왜냐하면 우리 보통 사람들은 조수에 밀리듯 세상에 태어났기에, 천만다행으로 그자들의 범죄의 몫을 함께 나누지는 않을 것이기 때문이다. 그것들이 무엇인지는 앞으로 한 선한 사람에게 행한 명백한 배은망덕과 악한 자들에게 관대한 자비를 베푼 일의 무수한 실례들로서 밝혀질 것이다.

그러나 이중에서 오직 한 가지 예만 가지고도 우리의 잘못을 들추기에 충분하니 그것에다 나의 목표를 두겠다. 바로 아주 중요한 사람인 단테 알리기에리의 추방에 관한 것이다. 더구나 그는 비천한 출신도 아니고 유서 깊고 고귀한 가문 출신이다. 우리가 해야 할 일은 그의 가치와 학식과 선한 봉사에 대해 그가 받아야 할 보상을 분명하고 충분히 밝혀야 하고 그의 활동들이 어떠하였는가도 살펴보는 일이다. 이런 일이 만일 다른 나라에서 있었다면 최고의 보답을 베풀었을 것이다.

얼마나 끔찍한 생각들과 불미한 행위들과 비천한 일들이 일목요연하게 멸망의 표시로 다가오고 있는가! 그에게 보답은커녕, 성급한 불의의 선고로 영구 추방을 하고 가족의 재산을 양도해야 하는 고통을 주고, 거짓 고발로서 그 영광스런 명성에

얼룩이 그냥 이대로 굳어버리려 하고 있다. 그리하여 그의 향방을 새로이 추적해보니 그의 뼈는 다른 곳에 묻혀 있고 그 자녀들은 여러 집으로 흩어졌으며 그 증거들을 아직도 부분적으로 볼 수 있다.

  모든 것을 살피시는 하나님 시야에선 비록 피렌체의 수많은 범죄 사실들을 숨길 수 있다 하더라도 이것 한 가지만으로도 여기에 떨어질 그분의 분노가 충분하지 않겠는가? 그 위대한 솔론의 교훈을 거스른 채 사는데도 우리가 쓰러지지 않고 여전히 버티는 것은 무슨 특별한 이유가 있을 것이다. 모든 인류의 기대를 저버린 채 우리를 지탱하는 것은 아마 우리 조상들 가운데 한 사람이 가진 그 어떤 장점 때문이리라. 그로 인해 우리의 회개를 촉구하시는 하나님의 인내심, 즉 그분의 특별한 기적이 있어서다. 그러므로 만일 우리의 회개가 결국 따라오지 않는다면, 그분의 분노가 어떠하리라는 것을 아무도 의심하지 못하리라. 그분의 분노는 우리를 향하여 복수의 걸음을 천천히 옮기시리라. 우리를 기다리는 그 형벌은 그 느렸던 것을 상쇄하고도 남을 만큼 한층 더 무시무시하고 고통스러운 것이리라. 우리는 그 악한 행위로부터 결코 도망칠 수 없기에 지금 잠시 그 처벌을 면한 듯이 보이는 바로, 이때에 올바른 행위로써 그 행위들을 고치려고 노력해야만 한다.

나는 단테와 같은 도시 사람이다. 그러나 단테의 장점들인 그의 고귀함, 그의 가치를 생각하면 그는 이 도시에서 최고로 위대한 부분이고 나는 미천하기 이를 데 없다. 그래서 피렌체의 모든 시민들처럼 개인적으로 그의 명예에 어쩔 수 없이 큰 빚을 지고 있다고 느낀다. 그래서 나는 이 도시가 그에게 취해야만 했던 굉장한 형식의 예우, 그러나 결코 행하지 않은 일에 내 부족한 능력을 다하여 행하고자 한다. 그렇다고 내가 그를 위하여 대리석 조각을 세우거나 장엄한 장례식을 치러준다는 것은 아니다. 그렇게 위대한 업무를 수행하기에는 너무도 검소한 수단인 글쓰기로써 하려 한다. 내가 오직 이 일만 할 수 있고 잘 할 수 있기에 이로써, 외국의 다른 나라 사람들이 개인이나 국가나 단테의 고향 땅 피렌체가 그렇게 위대한 시인에게 감사할 줄 몰랐다고 함부로 말하지 못하게 하리라. 또한 단테가 최대의 침묵으로 일관했던 일들도 기술해야만 한다.

그의 작품 대부분에 사용한 언어로써, 그가 지키려고 한 우리 피렌체의 일상어로써 겸손히 쓰려고 한다. 그의 고귀한 가문, 일생, 학문, 습관들에 관한 것이다. 그래서 앞으로 오는 세대에게 단테 자신이 스스로 쌓아올린 매우 빛나는 작품들을 종합하도록 해야 한다. 내 글이 행여 그에게 가는 빛을 가로막는다면 이는 전혀 나의 의도가 아님을 알아주기 바란다. 이 일을 나는 항상 기뻐할 것이다. 그 외 다른 면에 잘못이 있으면 나보다 훨씬 현명한 사람들이 나와서 고쳐주기를 바란다. 그러나 그같은 일이 일어나지 않기를 우리를 살피시는 하나님께, 단테를 그토록 높이 올리시어 그분을 뵙게 하신 그분께서, 지금은 나를 도우시어 나의 지식과 나의 약한 손을 안내해 주시기를 겸손히 기도드린다.

제2장
단테의 탄생과 교육

  이탈리아의 매력 있는 대부분의 다른 도시들처럼, 피렌체도 고대 로마 시대에 형성되었다는 옛 사가들의 말을 지금도 따른다. 시간이 흐름에 따라 이 도시는 팽창하여 사람들이 넘치고 훌륭한 사람들이 많이 배출되어 이웃 여느 도시들에게 강력한 도시로 부상하기 시작했다. 그 변화의 궁극적 원인이 행운의 거스름인지, 하늘의 저주인지, 시민들의 자업자득인지는 분명치 않다. 다만 확실한 것은 수세기도 지나기 전에 포악한 반달족의 왕이자, 이탈리아 모두를 폐허로 만든 장수, 아틸라가 많은 시민을 죽이고 또 흩어지게 하였다. 그로 인해 혈통이 고귀하거나 여러 분야의 저명한 시민들이 희생되고 피렌체시 자체가 잿더미로 화한 폐허로 남는다. 그런 상태로 삼백 년 이상이 흘렀다. 그 끝 무렵 다행히, 로마의 세력권이 그리스에서 고올(프랑스)로 옮겨지며 프랑스에서 가장 자비로운 왕, 샤를마뉴가 권좌에 오른다.

이 왕이 많은 일을 했지만, 망해버린 피렌체를 재건설하기로 마음먹은 것은 거룩한 영의 감동이라 나는 믿고 싶다. 그는 비록 성채의 규모를 제한하긴 했지만 이 도시를 할 수 있는 한 로마를 본떠 재건하려 했다. 예전에 흩어진 추방자의 얼마 남지 않은 후손들을 찾아 성 안으로 불러들이는 등, 초기의 주민들을 정착토록 하였다.

　이렇게 새로 들어온 시민 중, 로마에서 온 사람들이 있었다. - 그들은 재건설 사업을 감독하거나, 거리와 주택들을 할당하거나, 주민들에게 필요한 법을 제정하였으리라 - 그래야 이 이야기가 전개된다. 그때에 엘리세오Eliseo라는 이름의 후란지파니Frangipani가문의 고귀한 젊은이가 있었다. 그는 이 도시에 오게 된 본래의 목적을 이루자 영구 시민이 되기로 작정한다. 아마도 그가 참여하여 재구성한 이 도시를 좋아하게 되었거나, 도시 경관에 미혹당했거나, 그 밖에 다른 이유, 또는 미래에 있을 훌륭한 하늘의 은총을 예견했는지도 모른다.

　훌륭한 아들들과 후손들, 융성한 가문을 남기고, 그가 죽자, 그 후손들은 조상들의 오랜 성을 포기하고 그의 이름을 따서 자신들을 모두 엘리세이Elisei로 부르기로 한다. 아들이 아버지를 이으면서 세월이 흐르는 중에 이 가문에 행동이나 지혜 모두가 탁월하고 용감한 기사, 카치아구이다Cacciaguida가 태어난다. 그가 어렸을 때 집안에서 신부로 정해준 한 처녀가 있었는데 페라라 태생으로 알디기에리Aldighieri 가문 출신이다. 그녀는 고귀한 혈통 못지않게 재색을 겸비하여 존경 받았으며 둘 사이에 많은 자녀를 두고 해로한다. 그녀는 자녀들 이름 짓기에 크게 관여하지 않았으나 한 아이에게 자기 조상의 이름 알디기에리를 준다. 이는 당시 여자들의 관습이었다. 후에 d가 빠져 알리기에리가 된다. 이 아이의 가치가 그의 후세들이 자기들의 성, 엘리세이를 포기하고 알리기에리로 바꿔 부르며 우리 세대까지 이어지게 하는 것이다.

그로부터 많은 자녀들, 손자, 증손들이 이어졌는데 그중 한 사람, 프레데릭 2세 치하의 알리기에리는 자신보다 자기 아들을 통하여 오히려 유명해지는 운명이었나 보다. 그의 부인이 임신하여 출산이 가까울 무렵, 꿈에서 자기 배 안의 열매가 무엇이 될지를 보기 때문이다. 비록 그 당시 그녀는 물론, 그 누구도 그 꿈을 이해하지 못하였지만 지금 우리 모두에게는 그 뜻이 명료하다. 그 고귀한 부인이 꿈에 본 것은, 무성한 월계수 아래 푸른 목장과 맑은 샘이 있고, 그 자리에서 진통을 느껴 아들을 낳았으며, 짧은 시간에 아기는 떨어진 월계나무 열매를 먹고 맑은 샘물을 마셔 양치기로 변하더니, 그 양치기는 온 힘을 다해 월계나무 잎을 따려 애썼다는 것이다. 그가 애쓰다가 나무에서 떨어지는 듯이 하더니만, 일어서니까 더 이상 사람이 아니고 공작새로 변했다. 그 순간 그녀는 놀라 꿈에서 깨어났고 진통이 와서 아들을 낳아, 그 이름을 단테로 정한다. 이 꿈이 참으로 수긍할 만한 것은, 앞으로 알게 되겠지만, 그 결과가 그 뛰어난 이름에 너무도 걸맞기 때문이다.

그가 내가 쓰려는 사람, 단테이다.

그가 하나님의 특별한 은혜로 우리 시대에 허락받은 단테이다.

그가 무시 받던 뮤즈의 여신들the Muses이 이탈리아로 돌아오게 하는 길을 처음 여는 운명의 단테이다.

그 때문에 '피렌체의 영광'이라는 관용어가 생겨났다.

그 때문에 우리가 쓰는 일상 용어가 알맞은 가락을 갖추게 되었다.

그에 의해 죽었던 시가 되살아났다고 할 수 있으리라.

이러한 사실들을 음미해 보면 '단테'라는 이름 이외에 그 어떤 이름도 적절치 못함을 깨닫는다.

이 이탈리아 민족의 영광은 앞서 언급한 프레데릭 2세가 죽어 그 제위가 비어 있을 때 우리 도시에서 태어났다. 우주 구원의 왕이 나신 지, 1265년 교황 울반Urban 4세가 성 베드로 의자에 앉아 있을 때다. 그는 행운의 여신이 미소 짓는 한 가문에 태어났다. - 그 시대 배경을 보아 '미소 짓는다.'로 표현하고 싶다. - 좌우간 그 영광의 여러 징조를 보인 유아기는 생략하고, 글자를 처음 배운 소년기부터 언급하려 한다. 오늘의 귀한 집 아이들이 그러하듯, 어머니 무릎에서 헤어나지 못하는 태만과 경솔함이 단테에게는 없었다. 그는 자신의 소년기 전체를 내던지다시피 일반교양 학문에 매진하여 전문가로 인정받기까지 수련을 거듭했다.

그의 정신과 지성이 날로 성장하였으나, 오늘날 대부분의 사람들이 그러하듯, 돈벌이 되는 공부에는 관심이 없었다. 덧없는 물질적 부를 경시하는 반면, 불멸의 명성을 얻고자 하는 갸륵한 소망으로 시인들의 상상력이나 그들에 대한 비판적 분석에 관한 공부에만 전념한다. 이러한 연구로, 버질, 호레이스, 오비드, 스타티우스 등 기타 저명한 시인들에 통달한다. 단순히 그들을 알고 배우는 기쁨만이 아니라, 그 고귀한 시어로 그들을 본받으려는 그 노력의 일환들이 앞으로 우리가 논할 그의 작품들에서 보게 될 것이다. 그는 그들 시인들의 작품에서, 우매한 대중이 생각하듯 공허하거나 단순한 우화, 또는 불가사의가 아니라, 그 안에 역사와 철학이란 진리의 달콤한 열매가 숨겨 있는 사실(따라서 역사, 윤리, 철학의 지식 없이, 그러한 시인들의 의도를 충분히 이해할 수 없음)을 간파한다. 이리하여 단테는 자기의 시간을 분별 있게 쪼개어, 스스로 역사를 공부하고 대가들로부터 철학을 배우는 데 긴 시간 노력과 수고를 아끼지 아니한다. 그는 하늘이 내려주는 진리를 알게 되는 감미로움에 취하여, 이보다 귀한 일이 세상에 없다는 점을 깨닫자, 지상의 관심을 완전 배제하고, 이 탐사에만 전적으로 매달린다. 이를 위하여 그가 섭렵치 아니한 철학의 분야가 거의 없고, 그의 정밀한 마음은 신학의 가장 깊은 경지까지 파고든다. 그리하여 그 결실은 그가 시도한 목표와 큰 차이가 없었다. 더위와 추위, 밤샘과 배고픔, 여하한 육체적 불편을 감수한 끈질긴 탐구로서 그는 인간의 지성이 미치는 한 알 수 있는, **거룩하신 본질**과 천사들에 대해 무엇이든 알게 되었다. 그리고 인생의 여러 고비마다 다양한 분야의 지식을 터득함은 물론, 각 분야 대가의 연구 또한 이행하였다.

앞서 언급한 대로, 단테는 기본 학문의 본질은 자기 고향 도시에서 닦았다. 그다음 그는 보다 풍부한 학문의 토양이 있는 볼로냐로 갔다. 장년에 이를 즈음 파리로 갔다. 거기서 그는 많은 논쟁을 통하여 자기의 천재성의 탁월함을 보여주어, 사람들이 두고두고 그 논쟁에 놀라워하고 그를 흠모케 한다.

이런 완벽한 공부의 결과, 당연히 그는 최고의 호칭들을 받는다. 그의 생애 동안에도 어떤 사람들은 단테를 '시인'으로, '철학자'로, 또는 '신학자'로 칭송하였다. 극복해야 할 상대의 힘이 클수록 그 승리의 영광 또한 커지듯, 여기저기 휘몰아치던 파도와 역풍의 사나운 바다를 극복하고, 화려한 명성의 안전한 항구에 그가 다다른 것에 우선 감사해야 한다고 판단한다.

제3장
베아트리체를 향한 단테의 사랑과 그의 결혼

 학문 연구란 대체로 고독을 요구하고 사람들 관심에서 자유로워 마음의 평정을 유지해야 한다. 이는 특히 사색적인 연구에 필요하다. 이러한 연구를 하였던 단테가 그랬듯이 완전히 자신에 몰두해야 하기 때문이다. 그러나 이러한 일 즉, 자유와 고요함 대신 단테의 일생은 처음부터 죽는 날까지 사랑의 격심함과 견디기 힘든 열정의 먹이로서 대부분을 일관하였다. 그는 아내가 있었고 공적이며 사적인 임무가 있었으며 추방과 빈곤으로 고통 받았다. 그토록 버겁던 그 고통의 짐들을 잘 볼 수 있도록 나는 하나씩 언급하여 나머지는 저절로 나오도록 한쪽에 미루어 두겠다.

 하늘의 부드러움이 새 옷으로 치장하는 계절이면 푸른 잎 사이로 예쁜 꽃들이 미소 짓는다. 이때 이 도시에서는 구역마다 친구들과 함께 남녀노소를 청하여 축제를 베푸는 관습이 있다. 우리의 동포 시민 가운데 큰 명예를 지닌 포르티나리Folco

Portinari가 5월 1일 자신의 집에서 이웃과 잔치를 벌였다. 이 가운데 아홉 살의 단테처럼 아버지와 같이 온 다른 소년들이 있었다. 단테는 여기서 그 또래의 아이들과 어울렸는데 이 주인집에도 어린 아이들이 있었다. 식탁에 음식이 차려졌으나 단테는 그 아이들과 그 나이가 허락을 받는 한, 놀이에 열중하였다. 그들 사이에 비체Bice라는 포르티나리의 어린 딸이 있었다.(단테는 항상 베아트리체라 불렀다.) 그녀는 여덟 살쯤으로 행동이 매우 유연했으며 나이보다 훨씬 신중하고 조숙하여 보는 사람들을 기쁘게 했다. 모습이 섬세하고 잘생겨 겸손한 우아함과 아름다움이 가득해 많은 사람들에게 어린 천사라는 찬사를 받았다. 내가 좀 과장을 하더라도 이 축제에서 단테의 눈에 훨씬 더 아름답게 비쳤을 것으로, 이는 생전 처음 그를 매혹하는 힘이 나타난 것이라고 믿는다. 단테는 어린 소년이었지만 그녀의 아름다운 모습은 그 마음속에 그날부터 그가 사는 동안 절대로 떠나지 않는 열정으로 남았다. 이가 무슨 모습이었는지는 아무도 모른다. 그러나 단테에게 그 어린 나이에 생긴 이 일이 그 나이의 기질인지 버릇인지 모르지만, 확실한 것은 사랑의 가장 열렬한 노예가 되었다는 사실이다. 또는 하늘의 무슨 특별한 영향인지, 우리들이 알다시피 축제 음악의 들뜬 분위기나 맛있는 음식과 포도주 때문인지, 성숙한 사람들 특히, 어린 사람들 특유의 좋아하는 것이면 무엇이든 사로잡히는 그 열린 마음 때문일지도 모른다.

　어린 시절의 이야기는 나중에 자세하도록 하고 그 나이와 함께 그 사랑의 불꽃이 점점 커갔다고 나는 단언한다. 그리하여 그녀를 바라보는 외에는 아무것도 그를 쉬거나 위안 받거나 기쁘게 하는 일이 없었다. 모든 것을 접어둔 채 집요하게 그녀를 보리라고 믿어지는 곳이면 어디나 가, 마치 그녀의 얼굴과 눈에서 모든 행복과 위안을 얻는 듯 행동했다. 아, 무정한 연인들의 분별없는 판단이여, 그 누가 그 불길을 좀 줄인다는 일이 오히려 연료를 퍼붓는 일인 줄 알겠느냐! 그가 얼마나 깊은 생각을 했으며 깊은 한숨을 쉬었는지, 무슨 눈물을 흘렸는지, 나중에 그가 겪은 또 다른 격심한 열정들이 어떠하였는가를 그의 작품 『신생』에서 보여주니 여기서는 더 말하지 않겠다. 내가 언급할 한 가지는 그 자신이 쓴 대로, 그 열정을 잘 아는 다른 사람들이 말하는 대로, 그 사랑은 가장 고결하다는 사실이다. 그가 사랑한 그녀, 그 연인에 대하여 무슨 불순한 기미나, 외양, 말이나 표현을 전혀 나타내지 않았다. 이는 오늘의 세상에서 놀라운 일이다. 모든 덕스러운 즐거움은 사라지고 무엇에나 쾌락만을 추구하는 이 세상에서, 사랑인지 미처 알아보기도 전에 정욕만을 좇는 이 세상에서, 누군가를 전혀 다른 방식으로 사랑할 수 있다는 것은 그야말로 귀하고 귀한 일이어서 기적으로 화해 버렸다.

 신성한 학문과 천재의 적이라고 생각하는, 그가 먹고 잠자고 잠시 쉬는 일조차 막아버린 그렇게 위대하고 오래가는 그 사랑이란 대체 무슨 힘인가! 참 대단한 힘이다. 사랑은 많은 힘을 지니고 있지만 그 천재를 자극하여 그가 사랑한 숙녀를 찬양하려고 피렌체의 속어로 쓴 그 아름다운 시 구절들이 그 사랑의 열정과 연모를 반향하며 증거하고 있다.

 이에 동의하려면 어쨌거나 잘 꾸민 과정은 진리가 아니고 지식의 각 분야의 시작이라는 것을 나는 인정해야 한다. 누구나 쉽게 빨리 이해할 수 있는 것으로 이 세상에서 안정된 것은 아무것도 없으며 그중 가장 잘 변하는 한 가지는 우리의 인생이라는 사실이다. 대단히 뜨겁건 차건 간에 많고 적은 사건들과 가능성을 남긴 채 순식간에 어려움 없이 우리는 존재에서 비존재로 옮겨진다.

 고귀함, 부유함, 젊음, 여하한 세속의 위엄이 있는 자라도 여기에서 자유로운 면제자는 아무도 없다.

 이 평범한 법의 무게를 단테는 자신의 죽음에 앞서 다른 이의 죽음에서 배워야 했다. 그 아름다운 베아트리체가 스물네 살이 끝날 무렵 그 최강의 힘을 지닌 그분의 기뻐하심을 따라 세상 근심을 뒤에 남기고 그녀 자신의 장점으로 준비된 그 영광을 향해 떠났다. 그녀의 떠남으로 인해 단테는 큰 슬픔과 비탄의 눈물에 잠겨 그 가까운 친구들이나 친척들 모두 그의 죽음 외에는 별 도리가 없겠다는 생각이 들 정도로 어떤 위로나 위안도 들으려 하지 않았다. 낮이 밤과 같고 밤이 낮과 같았다. 한순간도 울음과 눈물과 한숨 없이 지나지 않았다. 그 두 눈은 풍부한 물이 넘치는 샘처럼 어디서 그렇게 많은 눈물의 영양을 공급받는지 모두 놀라워했다. 그러나 우리가 아는 바대로 그 열정들도 오랜 관습인 시간이 지남에 따라 차츰 견딜 수 있는 과정이 단테에게도 일어났다. 그는 눈물 없이 베아트리체를 기억하게 되었다. 더 나은 판단을 하여 이성이 자리를 잡자, 울음이나 한숨, 그 어느 것으로도 그가 잃은 숙녀를 되돌릴 수 없음을 인정하였다. 그러자 지긋한 인내심으로 그녀를 상실한 현세를 견딜 수 있도록 자신을 되찾고 눈물을 그쳤다. 그 얼마 후 한숨도 그치며 점차로 거기서 떠나더니 빠른 속도로 벗어나 다시는 그리로 돌아가지 않았다.

  그 울음으로, 그 마음의 고통으로 자신을 돌보지 않아 그의 모습은 초라하였다. 마르고 면도도 하지 않아 예전의 모습은 완전히 사라졌다. 그가 견디어 낸 그 애도의 기간 동안 그 외양은 친구들만 아니라, 그를 본 소수의 사람들에게까지 동정심을 불러 일으켰다. 최악의 상태에 대한 두려움과 연민들이 그 친척들로 하여금 그를 위로하려는 열심에서 그 눈물의 흐름이 멎자, 그들은 그 무거운 한숨들이 그 마음의 근심을 그치게 한 것이라 생각했다. 그리하여 즉시 그 길고 헛된 사랑에 위로받지 못한 그 연인을 심하게 압박하기 시작했다.

그런데 모든 위로에 귀를 고집스레 막았던 그가 그들에게 귀를 기울일 뿐 아니라 그것이 무엇이든 듣기를 원했다. 이러한 그를 보자, 그러한 슬픔에서 건져내어 기쁨의 생활로 돌이키려 애썼던 친척들이 그에게 아내를 맞이하여 줄 가능성을 모색했다. 그 잃어버린 숙녀가 남기고 간 비애를 기쁨으로 대체할 새 사람을 찾았던 것이다. 그들이 수긍할 만한 논의를 거쳐 그 지위에 적합한 한 처녀를 물색하여 그에게 그들의 의사를 전했다. 그러자 별 세부 절차 없이 일사천리로 그 논의가 효력을 발휘하여 그는 결혼하였다.

아, 맹목의 마음들이여, 무지한 지성들이여, 수많은 인생들의 헛됨이여!

비록 좋은 이유에서라도 많은 일상에서 얼마나 자주 그 기대에 부응하지 못하는 일들이 생기는가!

누가 일찍이 지나친 열기를 식히고 신선한 바람을 쏘여준다며 이탈리아의 달콤한 공기에서 리비아의 불타는 사막으로 데려가는가?

또 누군가 따듯이 해준다며 사이프러스 섬에서 로도피안 산맥Rhodopean Mountains의 영원의 그늘로 데려가는가?

또 어떤 의사가 불로 인한 급성 열을 내린다며 얼음과 눈으로 그 사람의 골수까지 차갑게 하는가?

물론 아무도 없을 것이다, 그 사랑의 시련을 새 신부가 경감해 주리라고 생각하는 이런 사람들만 빼고는.

이들은 사랑의 본성을 모르며 사랑에는 매번 다른 열정이 더한다는 것조차 모른다.

일단 오랫동안 한 사람에 대해 마음 깊이 뿌리내린 그 사랑의 힘과 겨루어 본다는 일은 헛되고 어리석다.

처음의 작은 저항은 도움이 되나 긴 시간과 과정은 해롭다는 것이다.

사람들이 사랑의 근심을 잊게끔 놓아두고 다시 우리의 주제로 돌아갈 시간이다.

그때 그가 얻은 것은 무엇인가? 한 가지 귀찮은 생각을 덜려고 수천 배나 성가신 일로 들어가는 자들은 누구인가? 그가 이러한 일들로 나를 끌어당기며 내 마음의 아픔을 더욱 분명히 한다. 우리는 사람들이 걱정 근심에서 도망치거나, 아니면 오히려 그에 빨려 들어가는 것을 흔히 본다. 이것이 맹목으로 결혼을 하거나 사람들이 결혼을 시키는 일이다. 그들은 한 가지 복잡한 데서 벗어난다는 것이 도리어 천 가지 어려운 일로 들어가 더 이상 그들의 마음을 바꾸거나 돌이킬 수 없을 지경에 이르러야 깨닫는다. 친척과 친구들은 베아트리체에 대해 흘렸던 눈물을 멈추리라 여기고 단테가 아내를 맞이하게 하였다.

그러나 나는 그의 눈물이 사라졌는지(벌써 사라졌었는지), 그것으로 그 사랑의 불꽃도 사라졌는지를 모른다. 그 불꽃이 꺼졌을지라도 더 큰 새로운 근심들이 그에게 다가오고 있음을 정말로 믿지 않는다.

밤늦도록 거룩한 연구들에 몰두하던 버릇으로 그는 지상의 제왕들, 왕들, 그 외의 기쁨의 왕자들과 자주 정신적 교류를 하며, 철학자들과 논쟁하고, 가장 좋아하는 최고의 시인들에게서 기쁨을 찾아, 그들 모두에게 들음으로써 자신의 슬픔들을 누그러트리기를 좋아했었다. 그러나 그는 지금 그들과 같이 있을 수 없으며 신부를 기쁘게 하는 데 치중하여 그녀가 언제나 그 고귀한 친구들로부터 끌어내리면 떠나서 사내답지 못한 대화를 듣고 시간을 보내야 했다. 그는 더 이상의 성가심을 피하려 자신의 뜻을 어기고 그 대화에 동의하고 찬양까지 해야 했다. 그는 일찍이 여러 사람들로 인해 피곤해지면 한적한 장소로 물러나 하늘의 움직임을 관찰하며, 지상의 모든 생물들의 생명은 어찌하여 오고, 그런 사물들의 원인들은 무엇인지, 또는 신기한 생각들을 싹틔워 죽은 후에도 그 명성을 영원히 유지하는 시 구절들을 지어보는 일이 몸에 밴 사람이다. 그러나 지금 그는 이런 명상의 모든 기쁨을 배제하고 오직 신부의 변덕에 맞추고 그런 일들과는 무관한 사람들과 친구 관계를 유지해야 했다. 그는 부드럽고 쓰디쓴 열정들에 감동받는 대로 웃고 울고 노래하며 자유로이 한숨짓는 데에 익숙했던 사람이다.

지금은 감히 그렇게 할 수 없을 뿐 아니라 중요한 일과 하찮은 한숨조차 아내에게 전말을 밝혀야만 했다. 이는 그녀가 그의 기쁨은 누군가의 사랑 때문에 기인하고 그의 슬픔은 그녀를 미워하기 때문이라 믿어서다.

아, 이토록 의심 많은 사람과 늙어 죽기까지 살아야 하고 이야기를 해야 하는 일은 얼마나 터무니없고 지치는 일인가! 나는 특히 그토록 어색한 그들에게 이 도시에서 일어났던 그 새롭고 무거운 걱정거리들을 말하기가 힘들다. 즉 여자들이 사는 데 필요하다고 여기는 온갖 호화롭고 사치스러운 장신구와 옷들로 가득해야 하는 방들. 남녀 하인들과 간호사들, 실내에서 시중들 하녀들. 신부의 친척들에게 제공해야 하는 선물과 만찬. 이리하여야만 남편들이 아내들을 사랑한다고 생각하는 사람들이었다. 그 이전의 자유로운 남자들은 이 모든 일들에 대해 전혀 모르고 있었음을 나는 덧붙인다.

어찌하여 이런 일들을 피하기가 불가능한 것인가? 한 사람의 아내의 아름다움에 대하여 그렇게 크게 판단하는 그 사람들을 어찌 하겠는가? 만일 그 아내가 아름답다는 평판이면 그녀는 즉시 많은 추종자를 거느리고 끊임없이 그녀의 들뜬 마음에 그들의 겉모습, 지위, 놀라운 아첨, 선물, 즐거운 태도로 공격하리라는 것을 누가 의심하겠는가? 이를 많은 사람들이 열망하기에 이를 제어하기는 여간 어려운 일이 아니다.

이는 한 여자의 정절만을 요구하는데 만일 그녀가 영원한 불명예를 일단 극복하면 그 남편의 영원한 수치가 따른다. 그 남편이 불운하면 그녀 또한 얼마나 추해지겠는가? 우리는 흔히 남자들이 가장 아름다운 여자에게조차 쉽사리 싫증을 내는 것을 본다. 그 남편들이 그 부인들을 미워하는 것만이 아니라, 우리들도 이런 사람들과 어디서나 함께 있어 눈에 띄는 그런 여자들을 어찌 생각해야 하는가?

이것은 여자들이 화를 내는 이유다. -성난 여자는 야수보다 사납다.- 여자가 잘못된 것을 알면서도 관련을 짓는 남자의 일생은 절대 안전할 리 없다. 이는 모든 여자들도 믿는 바이다. 그들의 길에 대하여 내가 더 무어라 말을 하겠는가?

남자들이 쉬고 싶어 하는 그 평화에 대해 얼마나 자주, 어느 정도까지 그들이 적대적인가를 보여주려면 나의 이 에세이는 너무 길어지리라. 그래서 한 사람의 특질을 언급함으로써 공통의 만족을 기하려고 한다.

  한 집에서 가장 낮은 일을 하는 하인일지라도 선한 행위를 하면 그 집에 머물 수 있으나 그 반대일 시에는 충분히 해고의 사유가 된다. 그러므로 사람들은 자신이 하는 일들도 그 하인의 운명과 같다고 생각한다. 그러나 그들은 숙녀들만은 나쁜 행위의 증거가 있어도 그들을 하인처럼 대해서는 안 된다고 믿는다. 왜 내가 우리 모두 잘 아는 일을 이렇게 자세히 말하는가? 내가 말하여 매력 있는 여인들을 멸시하기보단 침묵을 지키는 것이 좋다고 판단한다.

  자신의 부인만 빼고는, 한 구매자가 구입한 모든 것들이 그가 전에 사려 했던 것인지를 누가 알겠는가? 한 가정을 이루기 전에는 그 여자가 그를 기쁘게 할지를 알지 못한다. 누구나 아내를 취하는 사람들은 그가 원하지 않았더라도 행운의 여신이 그에게 허락하는 것이다. 이 말이 맞으면, (이를 그가 경험으로 안다면) 밖에서 그 벽을 뚫어 볼 수 없는 눈을 가진 자들이 기쁨의 장소라 칭하는 그 방들 안에 숨겨진 슬픔들을 우리는 상상할 수 있다. 물론 나도 모르기에 단테의 운명에 이런 일들이 벌어졌다고 단정하지는 않는다. 어쨌거나 이런 일이나 다른 사유가 있었음이 틀림없는 사실이다. 왜냐하면 그 슬픔의 위안으로 결혼한 아내와 헤어지게 되자 그는 그녀가 있는 곳에 가지 않았으며 그녀를 그가 있는 곳으로 오게 하지도 않아서다. 그와 그녀 사이에 여러 자녀가 있음에도 불구하고.

  이 같은 언급으로써 내가 남자들이 결혼하지 말아야 한다는 결론을 낸다고 믿지 말기 바란다. 오히려 그 반대로 나는 결혼을 장려한다. 다만 모두를 위해서는 아니다. 철학자들은 부자와 어리석은 사람들이, 귀족과 농부들이 결혼하라고 이른다. 그러나 어떤 사람들은 그 어떤 신부보다 훨씬 나은 철학에서 그 기쁨을 얻도록 놔두라.

제4장
단테의 가족 부양, 영예, 추방

한 가지 일에서 또 다른 일로 연루되는 일은 이 세상의 당연지사다.

단테의 가족 부양은 국가 부양으로 이어져 공직이라는 헛된 영예에 발을 디디며, 어디서 시작하여 어디로 가는지 주시하지 못한 채, 그 정부에 전력투구하다 그 느슨한 고삐에 자신을 옭아매게 하였다. 이때의 행운은 그에게 먼저, 그 공직에 관한 의견 피력조차 없이, 대표직의 임명도, 수락도, 법의 승인도, 철회도, 평화도, 전쟁도, 무슨 무게 있는 논의 한번 없이 그토록 신속하고 우호적이었다. 그에게 모든 것, 요컨대 하늘과 인간 양쪽에서 공공의 모든 신임과 소망을 걸었던 듯싶다.

모든 인간의 확신의 적이며 우리의 계획을 짓밟는 행운이 비록 수년간 그 행운의 수레 위에서 단테가 권력과 영광을 누리게 하였으나, 그에게 지나치게 의지하자 결국에는 그 시작과는 매우 다른 끝장으로 그를 데려갔다. 그의 시대에 피렌체 시민들은 심술궂게 두 당으로 나뉘어 있었는데 각 당은 빈틈없이 영특한 지도자들 덕으로 강력하였다. 두 당이 번갈아 그 도시를 통치하였고 패배시킨 당을 항상 더 오래 옹호하였다. 그 갈라진 두 당을 합치려는 소원으로 단테는 그 천재의 기술을 동원하여 그 최고로 영리한 두뇌의 시민들을 깨우치기에 주력하였다. 위대한 일들이, 내분으로써 어떻게 순식간에 아무 일도 아니게 되는가를, 서로 화합하면 간단히 해결될 일들이 어떻게 한없이 커져갔는가를 가르쳐 주었다.

그러나 그 청중들의 마음이 완고한 것을 깨닫고 그의 우려가 아무 소용없음을 보게 되자, 이 모든 일이 다 하나님의 뜻임을 믿게 되어 처음에는 공직에서 물러나 개인으로 살기로 결심을 하였었다. 그런데 그때에 영광의 감미로움, 대중의 덧없는 인기, 나이 든 사람들의 설득에 유혹당하여 아무것도 나눌 수 없는 개인으로 살기보다는 기회가 와서 공직에 깊이 관여하게 되면, 그 도시를 위하여 한층 더 최선을 다하리라 그가 믿기에 이르렀다.

아, 어리석은 세속의 영광에 대한 미련이여, 이를 경험해보지 않고도 믿을 수 있는 당신의 힘은 얼마나 더 위대한가! 철학의 거룩한 품 안에서 영양을 받아 배우며 자라나, 그 눈앞에 고대와 현대의 왕들의 몰락, 왕국과 지방 도시들의 패망, 행운의 여신의 횡포한 타격들을 보았기에, 오직 그 최상의 선 이외에는 아무것도 구하지 않았던 이 성숙한 남자가 그 행운의 여신의 마력에서 자신을 방어할 지식도 능력도 없었다니!

이처럼 단테는 그 덧없는 영예와 허례의 공직을 따르기로 마음먹었다. 단테는 자신의 바른 정의로써 다른 두 당의 불의를 잠재우고 그 둘을 합하여 회복시킬 제3당을 이룰 수 없음을 보고는, 그 자신의 판단으로 가장 이성적이고 정당하리라는 당에 합류하여 그 시와 시민을 위한 일을 계속하였다.

그러나 사람의 계획들은 대부분 하늘의 권능에 무너지기 마련이다.

별다른 뚜렷한 이유 없이 증오와 적의가 생겨 날마다 점점 커지더니 시민들 사이에 혼란이 일고 분쟁 끝에는 방화와 칼이 난무하여 남자들이 자주 무장을 하게끔 되었다. 그들은 분노로 눈이 멀어 자신들의 처참한 결말이 오기까지는 그것을 보지 못하였다. 각 당들은 서로 간의 막대한 손실이 수차례나 드러나게 되고 그 다음에 그것이 행운의 여신의 내밀한 고의의 기획임이 밝혀지기까지에는 시간이 좀 더 걸려야만 하리라.

단테가 지지하는 당의 지도자들 사이에 그들의 적에 대한 놀랍고 치밀한 계획과 무장 세력이 수적으로 강하다는 진실과 거짓이 반반인 소문이 퍼져나갔다. 단테의 동료 지도자들이 그 소문에 두려워하며 판단력을 잃어버리고는 오직 자신들이 안전히 도망칠 궁리만 강구하게 되었다. 이리하여 그들과 같이 단테는 순식간에 그 시 정부 최고 지위에서 내려와 땅에 떨어졌을 뿐 아니라, 그 도시 밖으로 밀려나버렸다. 며칠도 지나지 않아 난동 분자들이 추방당한 사람들의 집으로 몰려가 난폭하게 약탈하고 그 승자들이 그 도시를 마음대로 재편하였다.

그 반대당의 모든 지도자들과 함께 단테(그는 조직의 낮은 신분이 아니라 주모자로 간주하였다.)도 있었는데, 그 공화국 주동의 적으로 영구 추방의 선고가 내려서 그의 재산은 공공 재산으로 몰수, 또는 승자들의 사유가 되었다.

이가 단테가 나라를 위해 바친 지극한 사랑의 보상이다!

이가 단테가 공공의 불화를 없애려 노력한 노고의 대가다!

이가 단테가 동료 시민들의 안정과 평화를 위해, 선을 위해 가능한 모든 방법을 모색한 결과의 보답이다!

이로써 분명히 명시해야 할 일은, 대중을 조금도 믿을 수 없다는 것과 그 대중의 인기란 얼마나 믿지 못할 일인가 하는 것이다.

그 전에 한때나마 그 도시에 믿음과 열정이 있을 때, 그 별들의 찬양에 귀를 기울이며 그들의 피난처였던 단테를, 지금은 별안간 그 시민들이 정당한 사유도 없이, 범죄나 잘못도 없이, 오직 그 소문 때문에 미친 듯이 돌이킬 수 없는 추방으로 그를 내몰았다.

이것이 그의 덕성의 영원한 추억으로 세워진 대리석상이다!

이러한 직함으로 그의 이름은 조상들과 함께 황금판 위에 새겨 놓았어야 하는데!

그 같은 은혜로운 고견에 대하여, 그 친절함에 대하여, 그에게 감사를 되돌렸어야만 하는데!

이러한 일을 깊이 생각해보면, 우리 공화국의 두 발이 절름발이가 아니라고 누가 말할 수 있으랴?

오, 헛된 자신감으로 죽을 사람들이여, 당신들을 꾸준히 꾸짖으며, 타이르고, 순화시킬 무슨 위대한 모범사례가 있는가!

아, 만일 오랜 시간으로 인하여 너희 기억에서 사라져 버린 카밀리우스. 루티리우스. 코리올라누스. 두 명의 스키피오스와 그 외에 다른 고대의 가치 있는 사람들보다는 그런 대중의 인기에서 추락한, 이 최근의 사례에서 너희의 기쁨을 추구하도록 해야만 한다.

사람들의 인기보다 더 불안정한 것은 세상에 없다.

희망이 없음은 미쳐버릴 일이고, 충고가 없음은, 믿으라고 사람들을 부추기는 것보다 더 정신 나간 짓이다.

그러므로 우리의 믿음을, 그분 자신의 목적대로 하늘과 하늘의 모든 일을 다스리시며, 영원한 법, 영원한 영광, 그분의 진실한 아름다움을 그 영속성에서 밝히 인식할 수 있는 하늘의 그분께로 올립시다.

우리 모든 소망은 그분을 목표로 정해 그분만 향하고 덧없는 일들을 무시하며 속지 않도록 합시다.

제5장
피렌체에서의 단테의 도주와 여행

    그것이 단테가 자신의 조상들이 세운 도시의 한 시민으로 살다 도망칠 수 없는 어린 자식들과 부인을 남긴 채 떠나야만 했던 사연이다. 그나마 부인 쪽으로 반대당의 지도자들 중 한 명의 친척이 있었지만 그 자신의 불확실한 처지를 감안하고 투스카니 지방 여러 곳을 떠돌았다.

    곤경에 처한 그 부인은 격노한 군중으로부터 결혼 지참금이었다는 명목으로 그 재산의 근소한 일부를 겨우 건져내 자녀들과 자신이 연명할 수 있었다. 단테는 갑자기 익숙하지 않은 노동으로 자신의 몸을 지탱해야 하는 빈곤에 놓였다.

    아, 죽음보다 쓰디쓴 그 진지한 분노를 그는 어떻게 억눌렀으며, 자신의 추방이 속히 끝나 집으로 돌아가기를 얼마나 열망했을까! 하여간 그의 기대와는 달리 수년 동안 그는 각지를 떠돌아야 했다.

그의 도주 후 처음 몇 해, 그는 그를 친절히 맞아준 베로나의 알베르트 스칼라에게 갔다. 다음엔 카센티노의 살바티코 공작, 루니기아나의 말레스피나, 우르비노 근처 산맥의 파치올라 가문에서 집주인들이 허용하는 한 항상 적합한 대우를 받으며 머물렀다. 다음 그는 볼로냐에 가서 잠시 있다 파두아로 갔고 다시 베로나로 돌아갔다.

고향의 귀향길이 사방으로 막힌 것을 보았으나 그의 희망은 날마다 헛되이 커가서 투스카니 지방이 아니라 이탈리아를 아예 떠나고 만다. 그는 온 힘을 다하여 이탈리아와 고울(남 프랑스 옛 이름) 지방을 가로막고 있는 알프스산맥을 넘어 파리까지 갔다.

그곳에서 그는 온전히 철학과 신학 연구에 몰입하여 무엇이든 지식의 다른 가지들을 새로이 배우며 자신의 곤경을 잊으려 노력했다. 그가 이처럼 공부의 시간을 보내는 동안 그의 기대와는 달리 당시 교황인 클레멘트 5세의 선의로 룩셈부르 공작이던 헨리가 로마 제국 왕으로 뽑히어 황제의 관을 썼다.

그 왕이 자신에게 항거하는 이탈리아를 복속하고자 독일을 떠나 브레시아Brescia를 강력하게 포위공격하고 있다는 소식을 듣자마자, 단테는 여러 이유로 그 황제가 승리하리라 기대하며, 비록 피렌체가 그 황제에게 항거하리라는 것을 잘 알면서도 그 황제의 권력과 정의가 그를 피렌체로 귀환시킬 수 있으리라는 희망을 품었다.

단테는 다시 알프스를 넘어 피렌체와 그 도당(흑당)의 적에 합류하여 황제가 브레시아 공격을 철수하고 그보다 대적인 피렌체를 필히 공격해야 한다는 사절들과 서한들을 보내는 수고를 아끼지 아니한다.

단테의 제안은 황제가 피렌체만 정복하면 전 이탈리아를 관장하는 신속한 권력과 자유를 얻는 데 별 어려움이 없으리라는 것이다.

그리하여 그와 동조하는 사람들이 황제를 그곳에서 철수시키는 데 성공했으나 기대한 결과가 일어나진 않았다. 그들의 기대와 달리 피렌체의 저항이 몹시 강했던 것이다. 특별한 성과 없이 황제는 절망하여 로마로 돌아갔다. 한쪽으로 이런 결과를 낳았지만 다른 한쪽으로 황제는 질서를 가져왔고 많은 계획을 세우는 성과도 올렸다.

그런데 갑작스런 황제의 죽음이 이 모든 일에 종지부를 찍게 만들었다. 그에게 많은 기대를 걸었던 사람들 대부분이 용기를 잃었다. 그중 특히 단테는 피렌체로 복귀를 노리는 더 이상의 모든 수고를 수포로 돌린 채 아페닌 산맥을 넘어 로마냐로 들어갔다. 그런데 그곳은 그의 마지막 날이 그의 모든 근심들을 끝장내기를 기다리는 곳이었다.

이때 로마냐의 유명한 고대도시 라벤나 군주는 고상한 기사인 귀도 노벨 다 폴렌타이다. 인문학 소양이 풍부한 그는 가치 있는 사람들을 높이 존중했으며 특히 학식이 월등한 사람들에게 그러하였다. 그가 모든 기대를 저버린 단테가 큰 절망에 빠져 로마냐에 있다는 소식을 듣자, 단테의 가치를 오래전부터 평판으로 알았기에 그를 영예롭게 맞아들이리라 결심하고 즉시 청을 넣는다.

만일 그가 단테의 입장이라면 그에게 청하였을 관대한 마음으로 단테가 부끄러워하지 않도록 그와 함께 살면 기쁘겠다고 신중한 호의로 청을 한다. 청하는 사람과 청을 받은 사람, 두 사람의 열망은 좋은 결론을 내어 단테는 그 고귀한 기사의 너그러움에 한없이 감사하며 그 자신의 절실한 요구에 따라 두 번 다시 청하기를 기다리지 않고 라벤나로 간다.

그곳에서 단테는 기사의 영예로운 환대를 받고 그가 실패했던 열망들에 대해 친절한 위로를 받고 소생하였다. 폴렌타는 단테에게 필요한 모든 것을 무한으로 제공하고 그곳에서 수년간을 머물게 하여 그의 인생의 마지막까지 지켜주었다.

그곳에는 일찍이 단테의 의도였던 그 신성한 연구에서 그를 벗어나게 한 그 힘 -즉 사랑의 갈망, 비애의 눈물, 가족 부양, 공직과 명예의 유혹, 비참한 추방, 견딜 수 없는 가난- 이 더 이상 없었다.

왜냐하면 나중에 그의 작품들을 따로 취급하여 보게 되겠지만 위에 언급한 대로 그의 수난이 최고조에 달했던 순간에도 그는 시와 철학 연구로 자신을 단련하였기 때문이다.

위에 말한 그러한 모든 장애를 그 자신의 지성과 인내를 무릅썼기에 우리가 보듯 그처럼 단테는 유명하게 되었을까?

아니면, 그에 대항하는 장애가 아무것도 없었더라면, 그의 지성과 인내로써 그는 어떠한 사람이 되었을까?

나도 이를 확실히 모른다.

그러나 만일 이런 말을 하여도 괜찮다면, 나는 감히 그가 지상의 신이 되었으리라고 말하리라.

제6장
단테의 죽음과 영예로운 장례

  피렌체에 언젠가는 돌아가리라는 모든 소망을 잃어버리고, 그러나 그 열망 자체는 결코 접지 않은 채로, 단테는 자비로운 군주의 보호 아래 라벤나에서 몇 년 동안을 살았다. 이곳에서 그는 많은 학자들에게 시를 연습시키며 가르쳤는데, 특히 그가 일상어로 이를 행하였으리라고 나는 판단한다. 그는 우리 사이에서 그리스어로 존경받는 호머와 라틴어로 존경받는 버질을, 처음으로 정교하게 이탈리아 일상어로 존중하며 찬양한 첫 번째 사람이었다. 일상어는 겨우 최근에야 발명되어 우리가 받아들여야 했을지라도, 그 이전에는 아무도 그 언어에 음절 번호를 매기거나 끝줄의 자음을 어울리게 하는 중요한 일을 중재하려는 대담함과 감성을 지닌 사람이 없었다. 그들은 오히려 하찮은 것들만 사랑하였고, 그 일에 자신들 스스로 몰입했다. 그는 우리 일상어가 그 무엇보다 영예롭고 그 어떤 높은 가치도 그 일상어로 소화할 수 있음을 그의 작품의 결과로써 보여주었다.

그러나 모두의 몫으로 정해진 시간이 다가왔다. 단테는 56세 중반쯤 병으로 쓰러져, 기독교에 따른 교회의 모든 성 예전을 받고, 죽을 인간으로서 하나님의 의지에 반하여 그가 진 모든 일에 대한 통회를 하고, 겸비한 헌신으로 그 자신을 하나님께로 중재하였다. 그리스도 후 1321년 9월 교회의 축복받은 거룩한 십자가를 찬양하는 그 어느 날, 라벤나의 모든 시민들과 함께 귀도 다 폴렌타는 큰 애도 속에 그 피로에 지친 영을 그의 창조주께로 돌려드렸다. 단테가 그 최선인 그분의 광경을 함께 보았던 고상한 베아트리체의 팔에 받아들여졌음을 나는 믿어 의심치 않는다. 현세의 모든 비통한 생활을 뒤에 남기고 그는 지금 그 행복이 결코 끊이지 아니하는 최상의 기쁨 속에 산다.

그 관대한 기사는 단테의 시신을 그 같은 인물에 대한 예의라고 그가 생각한 영예로써, 시적인 헌사로 장식한 장례 운구 위에 올려놓고, 라벤나의 소 기사단The Friars Minor의 장소까지 가장 유명한 시민들의 어깨 위에 올려서 운구를 하였다. 그의 운구는 대중의 애도 속에 그곳까지 뒤따르고 그곳에 있는 석관 안에 단테는 뉘였다. 그 다음에 그는 단테가 살던 집으로 돌아와 그 자신이 라벤나의 풍습에 따라, 그 비탄의 인생에서 그가 뒤에 남긴 친구들을 위로하려고, 고인의 덕과 높은 학식을 기리는 긴 웅변적인 연설을 행하였다.

또한 그가 의도하기를 자신의 인생과 권한이 있는 한, 그의 영예를 올리고 후손들이 그를 기릴 만한 뛰어난 무덤을 만들겠다고 하였다. 찬양할 만한 이 제안은 즉시 그 당시 로마냐에 있던 많은 뛰어난 시인들에게 전해졌다. 그들 모두는 자신들의 실력으로 그 선의로 태어났던 죽은 시인을 증명할 수 있기를 바라며, 또한 그들이 바라는 군주의 호의와 사랑을 얻고자 그 석관에 누워 있는 사람을 후손들이 기리도록 묘비명에 쓸 찬미의 시들을 썼다. 이러한 시들이 그 고귀한 군주에게 보내졌으나, 큰 불행이 닥쳐와 그는 권력을 잃고 얼마 후 볼로냐에서 죽었기에, 그 무덤을 만들려던 일과 그것에 새길 그가 받은 시들은 미완성인 채로 남게 되었다. 이러한 시들은 한참 뒤에야 내가 알게 되었고, 위에 언급한 일에 이용하지 못하여서, 내가 지금 쓰고 있는 일이 비록 실제 무덤 위에는 아닐지라도 여전히 유용하고, 그리하여 영원히 그의 기억을 보존할 수 있다고 믿는다. 그러므로 여기에다 그것들을 모두 덧붙이는 것이 적합하다고 판단한다. 그러나 그 대리석 판에는 그 많은 것들 중, 오직 하나만 새겨져야 하므로 나 또한 그중 하나만 필요하다고 생각한다. 그 모두를 잘 살펴본 후에 나는 볼로냐의 대시인 지오반니 델 비르질리오가 쓴 열네 줄에서 가장 가치 있는 형식과 감각을 찾았다. 그는 그 당시 위대하고 유명한 시인이며 단테의 절친한 친구였다.

그 구절들은 다음과 같다.

단테, 모든 신학에 정통하고,
철학으로 모든 지혜를 섭렵하고,
여전히 대중을 기쁘게 하는 뮤즈의 기쁨,
여기에 누워 있다; 그의 높은 평판은 멀리 널리 퍼진다.

그는 한 쌍의 칼을 가지고 정교하게 죽은 자들에 자리 잡았다:
우리 일상어로 높이 울려 퍼지는 말들.
전원에 그의 소박한 목가를 퍼지게 하였다,
검은 운명의 여신이 그의 생명줄을 가르기까지.

은혜를 모르는 피렌체여, 너는 자신의 아들에게 그토록 무정하여,
그를 추방으로 내몰고, 결코 돌아오지 못하게 하였다:
그가 머물렀기에 찬란한 라벤나는 행복하다.
그 도시의 영예로운 군주의 방패 아래.

1321년 그는 태어났던 그의 본향 별들에게 영광 속으로 돌아갔다.

제7장
피렌체 시민 성토

 오, 감사할 줄 모르는 나라여, 너희의 가장 훌륭한 시민이며, 뛰어난 은혜자이며, 너희에게 둘도 없는 시인을, 유례없는 무자비함으로 몰아낸 너희의 그 광기와 그 무지는 무엇이었더냐? 그 후에도 계속하여 너희가 고수하고 있는 것은 대체 무엇이냐? 너희가 그 악의 꼬임에 넘어간 순간에 있었던 그 전반적인 광기에 대하여 조금이라도 변명하고 싶다면, 그 분노가 사라지고 마음의 평정을 되찾았을 때, 왜 그를 회상하여 그에게 취했던 행동을 뉘우치지 아니하느냐? 너희의 아들인 내가 판단한다고 못마땅해 하지만 말고, 너희가 처벌받지 아니하고 바로잡기를 열망하는 한 남자처럼 말을 하는 나의 이 정당한 분개심을 볼 줄 알아야 한다.
 어떤 도시라도 그토록 자랑할 수 있는 그 한 사람을 유유히 쫓아내고도 그의 영광을 너희가 차지할 수 있다고 생각하느냐? 나에게 말해 보아라, 너희가 자랑할 수 있는 무슨 승리나 개선, 또는 탁월함이나, 무슨 가치 있는 인물들이 이 도시에 있는가를?

　너희의 부는 불안정하고 불확실하며, 너희의 아름다움은 약하여 스러질 것이며, 비난받을 만큼 취약한 너희의 높은 생활수준도 항상 실제보다 좋게 보는 것으로 유명한 헛된 군중들의 판단 때문이다. 너희의 그 많은 부자 상인들과 예술가들로서 영예로워질 거 같으냐? 그렇다면 너희는 어리석게 되리라. 그 상인들은 끝없는 탐욕으로 비굴한 장사에 열을 내고, 한때는 천재의 품위를 지키던 예술가들도 후천적 성품인 탐욕으로 타락하여 지금은 그 가치가 없어졌다. 너희의 수많은 조상들이 언제나 도적질, 배신, 사기로서 고위직을 얻기를 바란 것과 같이 그 비겁하고 나태한 자들로서 너희는 영광스러우냐? 너희의 영광은 헛되리라. 그래서 너희는 바른 기준과 실재적인 안정으로 판단을 하는 사람들로부터 비웃음을 사리라.

　오, 정신 나간 어머니여, 두 눈을 크게 떠서 당신이 한 짓을 되돌아보고 후회 좀 하시오. 적어도 그 일에 대해 좀 부끄러워라도 하시오. 비록 당신은 현명하다는 평판을 들어왔으나 그 당시에는 최악의 선택을 하였었다는 것을! 만일 이처럼 선한 판단을 하지 못하겠으면, 여전히 찬양받는 일들로 유명한 다른 도시들의 본이라도 왜 좀 받으려 하지 않으시오? 바로 아테네로서, 그리스의 보석들 중 하나며, 한때는 세계의 군주로, 지식으로,

웅변으로, 전쟁으로, 그 영광이 찬란한 도시다. 아르고스Argos는 그 도시의 왕들로 여전히 유명하다. 스미르나Smyrna는 추기경 니콜라스를 기억한다. 필로스Pylos는 늙고 현명한 그리스 장군 네스토르 유명하다. 키메Chyme, 키오스Chios, 콜로폰Colophon도 과거의 영광으로 이름난 도시다. 이 도시들 중 그 어느 도시도 그 영광의 시절에 거룩한 시인 호머Homer를 부끄러워한 적이 없다. 그들은 그의 기원에 관하여 날카로운 논박을 서슴지 않았고 제각각 그들의 도시 출신임을 분명히 하였다. 그 논쟁의 제기는 강력하여 아직도 이어지고 있다. 호머가 어느 도시 출신인지 불확실한 것은 그 도시들마다 호머가 자신들의 영광스런 시민이라고 우기기 때문이다. 그리고 바로 우리의 이웃도시 만투아Mantua는 그곳 출신 버질Virgil에게 그 도시의 온갖 명성을 얻고 있다. 그들은 그 이름을 존경하고 누구에게나 가까워서 그의 모습을 공공장소나 개인적인 장소에서 얼마든지 볼 수 있다. 그의 부친은 비록 옹기장이였으나 그들 전부를 품위 있게 한다. 서모나Sulmona는 오비드Ovid, 베노사Venosa는 호레이스Horace, 아퀴노Aquino는 주브널Juvenal, 그 외에 많은 도시들이 그들의 아들들로서 영광스러워하며 그들의 위대함을 거듭 거론하고 있다. 이러한 도시들의 예를 본받는 것이 너희의 수치는 아닐 것이다. 왜냐하면 그 도시들이 그 같은 시민에 대하여 그토록 애정을 가지고 그 보호자로 자처하는 것에는 충분한 까닭이 있어서다. 그들은 너희 자신들이 알 수 있었으며, 또 지금이라도 너희가 알아야 할 일을 벌써부터 알고 있었다. 내가 말하고자 하는 것은, 그와 같은 아들들의 끊이지 않는 영향력에 대해서다. 지금 우리가 보는 바와 같이, 심지어는 그 도시들이 멸망했을지라도, 그들 도시의 이름을 영원히 지키며 온 세상으로 퍼져나가 결코, 그 도시들을 본 적이 없는 사람들에게까지 그 이름을 알리기 때문이다.

오로지 너희만 무슨 맹목인지 눈이 어두워, 마치 너희 자신들이 유명한 듯, 이 영광에는 아랑곳하지 않고, 그 다른 과정을 밟으려 하는구나. 오직 그 Camilli, Publicoli, Torquati, Fabricii, Fabii, Catos, Scipios가문만이 너희의 시민이고 그들의 놀라운 업적이 너희를 유명하게 하는 줄 아는구나. 오직 이러한 고대 시민들과 벌써부터 너희의 손을 떠나버린 시인 Claudian이나 바라보며, 바로 현재의 이 시인에게는 전혀 관심조차 기울이지 아니하고 내버려두는구나.

정말로 너희는 그를 멀리 쫓아내 없애버리려 하였기에 만일, 그가 버려진다면 너희 또한 버려지리라. 너희의 그 행동에 대한 수치심 때문에 나는 도저히 참을 수 없다. 그러나 보아라! 비록 행운은 아니었지만 그 자연스러운 과정이 그 무가치한 욕망에서 그렇게 널리 호의를 베푼 사실을, 만일 죽일 것이 빤한 너희의 손, 그 야수 같은 욕망에서 벗어나게 한, 그 영원한 법으로써 성취하신 일을.

너희의 단테 알리기에리는, 너희가 부당하게 저주하고 그의 가치를 시기하여 추방하였던 장소에 죽어 누워 있다. 오, 이는 그 어미가 자기 아들의 덕성들을 시기한 최악의 잊혀진 범죄다. 지금의 너희는 그가 죽음으로써, 그렇게 오랫동안 그에 대한 너희의 부당한 학대를 끝내고, 너희의 잘못 속에 편안히 살며, 그에 대한 걱정에서 벗어나게 되었다. 지금은 죽어 있으니, 그는 다시는 너희에게 대항하지 못하며, 그가 살아서 하려던 일도 다시는 못하리라. 더구나 그는 너희의 하늘이 아닌, 다른 하늘 아래 누워 있으니 너희는 다시 그를 보겠다는 생각조차 못하리라. 다만 어느 날, 한 정의의 심판자가 모든 사람들의 죄의 무게를 달고 벌을 주는 것을 볼 수 있는 그날만을 제외하고.

그러니 누군가 죽었을 때, 그에 대한 증오, 분노, 악감정을 그치고 그 죽음을 깊이 생각하며 자신에게로 돌아오듯이 당신들도 바른 마음으로 뒤돌아서시오. 너희 조상들의 그 인간성을 거스른 그 행위를 수치로 여기기 시작하시오. 더 이상은 그 오랜 적으로서가 아니라 한 어머니로서 그를 보기 시작하시오. 그 아들에게 진 눈물의 빚을 갚기 시작하시오. 모친다운 동정심을 베푸시오. 비록 죽은 자일지라도 그를 되돌리기를 시작하시오. 그가 살아 있는 동안, 거절하며 범죄 수배자로 내몰았던 그를 회복시키시오. 시민으로서의 그의 기억을 되살리시오. 그를 환영하고 은혜를 베푸시오.

당신들은 그에 대하여 무례하고 방자하였으나 그는 항상 한 아들로서 당신을 존경하고 결코 당신의 명예를 저버린 적이 없다. 당신들이 그의 시민권을 박탈하였듯이, 그의 작품을 통하여 당신에 대하여 그가 할 수 있는 일들을 결코 한 적이 없다. 그 추방 기간이 비록 오래가고 길었지만 그는 언제나 자신을 피렌체 사람이라 말하고 그렇게 불리기를 원하였다. 그 어느 도시보다도 당신을 가장 좋아하고 항상 사랑했다.

그런데 너희는 무엇을 할 수 있느냐? 항상 너희가 죄 지었다고 부르짖으며 살 셈이냐? 죽은 자들의 시신이나마 돌려받고자 자신들의 죽음조차 불사하는 야만인들도 가지고 있는 그 최소한의 인간성이라도 너희에게 있느냐? 너희는 온 세상이 너희가 로마의 딸이며, 유명한 트로이의 손녀딸로 믿어주기를 바란다. 분명히 그 자녀들은 그 아버지와 할아버지를 닮는 것이 아니냐? 프리암Priam은 애통 속에서 죽은 헥토르의 시신을 되돌려 받고자 많은 금을 바쳤다. 사람들이 아는 바대로 로마인들은 미터넘Miturnum에서 죽은 스키피오의 뼈들을 처음에 되돌려 왔다.

스키피오는 그들이 저버려도 좋은 이유가 있었음에도 그리하였다. 트로이를 오랫동안 방어했던 헥토르는 그 용맹이 뛰어났고, 스키피오는 로마는 물론 전 이탈리아를 해방시켰다. 그러나 이 두 사람 중의 그 어떠한 위업도 단테와는 도무지 겨룰 수 없는 것들이다. 그러므로 단테를 무시하여서는 아니 된다. 왜냐하면 그것은 무기로서는 결코 대체할 수 없는 배움의 터전이기 때문이다.

만일 이를 행하기에 가장 알맞은 때인 처음의 시기를 놓쳤다면, 지금이라도 당장 그 지혜로운 도시들을 뒤쫓아 너희의 방식을 고치어 그들을 모방하시오. 내가 언급한 그리스의 일곱 도시 중 그 어느 도시도 호머를 위하여 실제로나 가상으로나 그의 무덤을 세우지는 못하였다. 그리고 만투아 사람들이 피에톨라Pietola에 있는 가난한 농가와 들판을 버질의 것이라고 항상 영예스러워하는 것을 누가 의심하는가? 그들은 여전히, 만일 아우구스투스 황제가 버질의 시신을 부린디시Brindisi에서 나폴리Naples로 옮기라는 명령을 내리고 호화로운 무덤을 세워주지 않았을지라도, 그가 머물던 그 장소에 영원히 평화로이 머물게 하였으리라는 것을 누가 의심하겠는가? 서머나는 오비드가 폰투스Pontus의 땅 무명 묘지에 누워 있는 것만을 오랫동안 슬퍼하였다. 그리고 파르마Parma는 카시우스가 있어서 기뻐한다.

그러니 너희 또한 단테의 수호자 노릇하기를 찾아야 한다. 그를 되돌리기를 간청하시오. 겉으로나마 당신들의 인간성을 보이시오, 비록 속으로는 되돌리려는 마음이 없을지라도 말이오. 이런 가정만으로도 너희가 그렇게 오랜 세월 받아온 세간의 비난에서 조금은 벗어나게 될 것이오. 그를 되돌리기를 간청하시오. 그가 너희에게 돌아올 리 만무하니 너희는 친절하게 비쳐질 것이며, 그가 돌아오지 못하니 그와 동시에 너희 내면의 무자비성은 기뻐하리라는 것도 나는 확신하오.

그런데 어쩌자고 나는 계속 당신들에게 강요를 하는가? 이것은 나도 믿기 어렵지만 만일 죽은 자들도 감정이 있다면, 단테의 것도 그가 어디에 묻혀 있든 간에 그곳을 떠나 너희에게 돌아올 것이라 믿기 때문이다. 그는 너희가 그에게 해줄 수 있는 것보다 더 나은 영예로운 친구들과 함께 누워 있다. 그는 너희보다 오래되고 저명한 라벤나Ravenna에 누워 있다. 그 도시는 비록 낡았지만 한창 때는 피렌체보다 많이 번창했었다. 그 도시에선 덕망 있는 사람의 유골을 밟지 않은 채로는 한 발 걸음도 걷지 못할 정도로 도시 전체가 거룩한 사람들의 일반 묘지라 할 수 있다.

그러니 서로가 서로에게서 도망치려는 그 테베의 쌍둥이 불꽃처럼 서로가 악한 말을 하며, 생전의 분노와 부정이 여전히 보존해 있는 듯한 너희의 유골 사이에 누가 누우려고 돌아오겠느냐? 비록 라벤나는 한때 수많은 순교자의 고귀한 피로 물든 적이 있으나 오늘날은 그들의 유물들을 귀중하게 보존하고 그와 함께 위대한 황제들과 많은 조상들의 훌륭한 행위를 본받아 그 도시가 하나님께 인정받는 즐거움을 누리고 있다. 그와 더불어 다른 도시의 선물의 기쁨까지도 함께 누리고 있다. 바로 너희에게는 가치가 없었던, 그러나 온 세상에서 존경받는 작품들의 저자인 단테의 시신이 그곳에 있음으로써, 그 보물의 영화로운 영원한 수호자라는 특전을 받는 것이다. 그러나 확실한 것은 그를 가진 도시의 기쁨이 그의 출생 권리를 가진 것을 시기할 만큼 큰 것은 아니다. 또한 그 도시가 그의 마지막 날들을 기억하리라는 사실을 무시할 만큼도 아니다. 다만 그 옆에서 너희는 오직 출생지라는 이름만 매겨질 것이다. 그러니 너희는 그 배은망덕에 머물러서, 너희 대신 영광스러워하는 라벤나가 영원히 행복하도록 허락이나 하라!

제8장
단테의 외모, 생활 태도, 습관들

    내가 쓴 대로 단테 일생의 마지막은 여러 연구들로 인하여 쇠진해 있었다. 약속대로 나는 그의 사랑, 가정과 국가의 관여도, 비참한 추방, 그의 마지막을 충분히 썼다고 느끼므로 지금은 그의 신체 구조나, 옷 입음새, 또는 일반적으로 주의할 만한 버릇들에 대하여 말하는 것이 좋으리라 여긴다. 그래서 위에서 짧게 보여준 폭풍처럼 힘들었던 그 같은 일에서 그가 작업한 주요한 일들로 곧장 가야 한다.

    그때의 우리 시인은 중키의 장년기로서 걸음걸이는 약간 숙이고 걷고, 진지하고 부드러웠다. 그는 항상 유행에 맞는 좋은 옷을 입었으며 그 나이에 어울렸다. 그의 얼굴은 길고 매부리코이며 눈은 다소 크고 턱은 넓고 아랫입술은 윗입술보다 나왔다. 그의 안색은 검고 머리와 수염은 짙고 검었으며 구불거리고 표정은 침울하고 사려 깊었다.

    이것은 어느 날 베로나에서 벌어진 일인데 - 그의 작품들이 어느 정도 널리 퍼졌을 즈음으로 그가 특별히 지옥이라고 부른 신곡의 부분이 많은 사람들, 남자와 여자들에게 제법 알려졌을 때다. - 그와 그의 동료가 여러 여자들이 앉아 있는 어느 문 앞을 지나는데 그중 한 사람이 다른 사람에게 부드럽게 말하는 소리가 들려왔다. "당신은 지옥에 가서 그 아래 있는 사람들의 소식을 가져와 기쁘게 전하는 저 남자를 아는가?" 이 사람에게 다른 사람들이 순진하게 대답하기를, "정말, 너는 그 진실을 말해야 하는데, 너는 어떻게 그의 수염이 바삭거리며 그의 안색이 그 아래의 연기와 열로 인해 갈색이 된 것을 아니?" 하는 것이었다.

그의 뒤에서 이러한 말들이 들려오자 그것이 여자들의 순진한 믿음에서 온 것임을 알고 마치 그들이 그렇게 생각한 것에 만족한 듯, 그는 기뻐 웃음을 지으며 그곳을 지나갔다.

그는 집안에서나 공공장소에서 조용하고 말이 없어 존경을 받았으며 모든 일에서 다른 사람들보다 공손하고 예의발랐다. 먹는 일과 마시는 일에도 그는 온건하여 정해진 시간을 지켰으며 필요한 이상을 취하지 않았다. 그는 한 가지 것을 다른 어떤 것보다 특별히 더 좋아한다는 취향이 조금도 없었다. 그는 맛있는 고급 음식을 칭찬했으나 대개는 검소한 음식을 먹었으며 선택한 것들만 먹으려고 큰 노력을 기울여 음식을 준비하는 사람들을, 살려고 먹는 것이 아니라 먹으려고만 사는 것이라 말하며 크게 비판했다.

그가 어떤 연구들이나 다른 문제들과 부닥치면 그보다 더 주도면밀한 사람은 아무도 없어서 그 가족과 부인이 그 때문에 자주 곤혹스러워했는데 그의 방식에 익숙해지기까지는 그러했다.

그에게 질문이 없으면 거의 말이 없었으나 질문에는 사려 깊게 적절한 어조로 말하였다. 어쨌거나 필요할 때에는 그는 전달력이 있는 뛰어난 유창한 웅변을 토하기도 하였다.

젊은 시절 그는 음악과 노래를 대단히 좋아하여 그 시대 최고의 연주자들과 가수들 모두가 동료이자 친구였다. 음악에 대한 그의 사랑은 자주 시를 짓게 하였고 그의 친구들은 아름다운 곡을 부치어 그의 시에 즐거운 옷을 입혔다.

사랑이란 주제에 그가 얼마나 열렬하였는가는 벌써 분명히 알려졌다. 이는 모두가 지닌 굳은 신념인데 이 사랑이 이 시인의 천재를 감동시켜 이탈리아 일상어로 시를 짓게 하였으며 처음에는 모방에서 나중에는 영광을 위한 열망으로 그의 감성이 점점 인상 깊이 나아가게 하였다. 그가 시를 짓기에는 심한 고통이 따랐는데, 그는 동시대 시인들보다 월등했으며 그가 지은 많은 이탈리아 일상어 시의 구절들은 그토록 명쾌하고 아름다워서 그의 뒤를 잇는 바람직한 시 구절의 본보기가 되었다.

그는 혼자 있기를 특히 좋아하여 그의 명상에 방해를 받지 않으려고 사람들과 거리를 두었다. 만일 친구들과 있는 동안 그를 대단히 기쁘게 하는 어떤 생각이 떠오르면 그 생각을 받아들이거나 거절하기까지는 그에게 무슨 질문을 하여도 결코 대답하지 않았다. 이런 일은 그가 식탁에 있거나 친구들과 여행 중이거나 그 어디에서건 다반사로 일어났다. 그가 하던 일을 포기하는 시간까지, 또는 그의 주의를 거기서 끌어내는 어떤 소리도 그가 듣지 못했을 만큼 그의 집중력은 대단하였다.

그 자신이 기뻐하는 일에 전적으로 몰두하는 이 버릇에 대해 믿을 만한 보고가 하나 있다. 그것은 시에나에서 우연히 한 약국에 있을 때 일어났던 일이다. 그에게 약속된 책 한 권이 있었는데 지식인 사이에 매우 유명했으나 그가 못 본 것이었다. 이것이 그에게 왔으나 집에 가져 갈 수 없기에 그 약국 앞 벤치에 기대어 거기에 책을 놓고 열심히 연구하기 시작했다. 얼마 안 가서 시에나의 큰 축제인 젊은이들의 대경기가 그 자리에서 벌어져 곁에 있던 사람들이 큰 소음을 내어(이런 경우 흔한 일로 큰 박수, 함성, 여러 악기 소리였다.) 그 누구라도 주의를 끌게 하는 일들이 벌어졌음에도(예를 들면, 아름다운 여인들의 춤이라든가 온갖 힘이 넘치는 운동들이다.) 그가 책에서 한번 눈을 들거나 흔들리는 것을 그 아무도 보지 못하였다. 정말로 그가 그곳에 자리 잡은 지는 한낮쯤이었는데 그 책 전부를 읽어 그 요점을 이해하고 그가 일어섰을 때는 저녁이었다. 그 다음에 몇몇 사람들이 그 앞에서 행해진 그처럼 좋은 구경을 보지 않고 어떻게 그럴 수 있었느냐는 물음에 그는 아무것도 듣지 못하였노라고 할 만큼 확고하였다. 이 답이 그 질문자들에게는 처음보다 더 놀란 이유가 되었다.

  시인에게는 또한 놀라운 능력이 있었는데 오랫동안 지속하는 기억력과 꿰뚫어 보는 지능이다. 그것이 그토록 대단해서 그가 파리에 있는 동안 한 신학교에서 Q의 논쟁을 벌였는데 그것은 여러 분야의 훌륭한 사람들이 내놓은 여러 종류의 14가지 주제들 가운데 한 제안자가 맡아 하는 놀이였다. 거기서 그는 한 제안자의 부분을 맡아서 조금도 쉬지 않고 그 논쟁들을 끌어내고 반박하고 그들이 내놓은 똑같은 순서대로 암송하여 열거하고 정확히 분석하고 항변하는 논쟁들에 응수하였다. 이것이 그를 바로 곁에서 지켜 본 사람들의 대부분이 기적이라고 생각하는 놀라운 일이다.

  그는 또한 문학 창조의 드높은 천재와 정확한 능력을 지녔기에 내말들이 겨우 할 수 있는 것보단 훨씬 더 그의 작품들이 독자들에게 분명히 한다. 그는 영예와 영광을 열망했는데 이것이 아마 그가 지녔던 다채로운 덕성보단 훨씬 더 강했던 것 같다. 그러나 그것이 뭐 어떤가? 그 영광의 달콤함에 닿으려고 그토록 겸손하지 않을 인생이 어디에 또 있겠는가?

나는 그가 그 어떤 다른 공부보다도 훨씬 더 시를 사랑했던 것이 바로 이 열망 때문이라고 믿는다. 철학은 그 고상함에서 다른 것을 능가할지라도 그 탁월함은 으로지 소수의 사람들에게만 알려지고 구별해야 하는 철학자가 전 세계에 수없이 많으나, 시는 모든 사람들이 훨씬 더 이해하기 쉽고 기쁨을 주는 반면에 시인들은 극히 드물다는 사실을 그가 보았기 때문이라고 믿는다. 그 위에 더하여 시를 통하여만 월계관이 씌워진다는 희귀하고 특별한 영예가 주어지기에 그토록 그 자신을 시공부와 시 짓기에 몰두했다고도 본다.

그 열망은 확실히 이루어졌을지도 모르는 일로, 만일 행운의 여신이 그에게 은혜로워 그가 피렌체로 돌아오도록 일찍이 허락했더라면, 그가 첫 이름의 세례를 받았던 이곳 성 요한의 세례 수반에서 그가 원한 대로 두 번째 이름인 시인이라는 대관식의 관을 썼으리라. 그러나 다 알려진 바대로 그를 반기는 어디서나 그가 바란 그 월계관(이것이 비록 지식을 증거하는 일도 아닌 그저 장식이고 수여받았다는 확실한 표식일 뿐이지만)의 영예를 받을 수 있었으나, 그는 결코 돌아갈 수 없는 곳으로 돌아가겠다는 열망 하나로 그 어디서도 그것을 받으려 하지 않았다. 그렇게 그는 몹시 탐내던 영예 없이 죽었다.

지금 사람들이 간혹 시가 무엇이고 시인은 무엇이며 그 시들은 어디서 오는지, 왜 시인들은 월계관을 쓰는가를 묻기에 이러한 일에 대하여는 몇몇 사람들만 설명할 수 있다고 보아서 나는 잠시 여기서 벗어나려고 한다. 이 문제를 분명히 할 의도에서 가능한 한 빨리 나의 중요 주제로 돌아가겠다.

제9장

시에 관한 여담

　처음 세기의 처음 사람들은 비록 매우 거칠며 미개하였으나, 그들이 열심히 찾은 것은 진리의 탐구로서 오늘날의 우리들과 똑같이 자연스러운 바람이었다. 그들은 하늘이 정해진 규칙에 따라 운행을 계속하고 땅 위의 사물도 마찬가지로 여러 기능이 여러 시기에 그대로 행해지는 것을 보면서 거기에는 틀림없이 이런 일을 주관하는 무엇인가 전능한 전능자가 있기에 그 자신을 빼고는 다른 모든 것들을 지배한다고 생각하게 되었다. 그에 대하여 열심히 숙고한 다음, 그들은 이를 거룩함, 또는 신성함이라 부르며 사람을 섬기기보다 한결 더한 영예와 존경을 바쳐야 한다고 생각하였다. 이 위대한 전능자의 이름을 숭상하고자 크고 뛰어난 건물들을 지었다. 이것들을 보통 사람들이 사는 형태와는 다르게 이름 지어야 한다며 신전이라고 불렀다.

　이를 위하여 신전을 짓듯 여러 직분의 사람들도 임명하였는데 이들은 세상관심과 떨어져 거룩해야 하고 신성한 봉사에 자신들을 전적으로 헌신하게끔 성숙해야 하며 사람들에게 존경받는 습관이 있어야 하겠기에 이들을 사제라고 불렀다. 게다가 그 상상의 신성한 본질을 나타내기 위해 다양한 형태의 장대한 상들을 만들고 그것을 위한 황금 집기들, 대리석 탁상들, 자색 의상들, 외에 희생 제물에 필요한 다른 모든 기구들도 설치하였다. 그토록 위대한 전능자에게 고요한 침묵의 영예를 바치기보다는 그 앞에서 높고 큰 소리로 하는 말들이 그들 자신을 낮추는 것이라 여겨 그에 맞는 좋은 것들을 올렸는데, 그들이 생각하기에 이 전능자는 고귀함에서 타의 추종을 불허해야 하였기에 보통 사람들이 하는 대중 화법과는 전혀 다른 말들을 찾아내야만 하였고, 그 말들은 성스러운 찬양을 올릴 만큼 신성한 가치가 있어야 했다. 그리하여 이 말들이 더 큰 효력을 발휘하게끔 운율의 법칙을 적용하여, 이로써 기쁨을 느낄 수 있어야 하며 분노와 괴로움도 잊어버릴 수 있기를 바랐다. 이를 분명히 하기에 안성맞춤인 것은 일상에서 늘 쓰는 익숙한 형태의 말이 아니라 오로지 예술적으로 세련되고 특별한 것이어야만 하였다. 이 형식을 그리스 사람들은 포에테스poetes(시)라고 불렀다. 이러한 형식이 이루어지도록 이끄는 힘을 포에시스poesis(시상)라고 하며 이 형식을 만들거나 이런 태도로 말을 하는 사람들을 포에츠poets(시인들)라고 하였다. 그러니까 이것이 시와 시인들이라는 명칭의 기원이다. 이에 대하여 달리 말하는 주장도 있고, 그에 일리가 있을지라도 나는 이 개념이 가장 마음에 든다.

  세상 지식이 발전해 감에 따라서, 이 미개한 시대가 선하였다고 찬양을 받을 만한 이러한 시도는 많은 사람들을 감동시키며 새로운 신들을 만들어 내었다. 이 초기 시대 사람들이 오직 신 하나만을 영예롭게 한 반면에, 그 후의 계승자들은 말로는 비록 신들을 제압하는 탁월한 신이 한 분 있다고 하면서도 다른 많은 신들이 있다고 믿었다. 그들이 생각한 많은 신들이란 해, 달, 별, 제우스, 태양계의 일곱 위성들로서 그것들이 끼치는 영향에 대하여 신성을 증거하였다. 사람들에게 유용한 모든 것에 신이 있음을 나타내려 하였기에 심지어는 지상의 것인 불, 물, 흙 같은 것에도 신이 있다고 보았다. 이 모두에게 영예를 바치고자 그들은 시를 지어 제물을 바쳤다. 그리하여 다양한 장소에서 다양한 재능을 가진 사람들이 하나씩, 그 배우지 못한 사람들이 사는 수많은 지역에 계속하여 떠오르기 시작하자, 그때까지 그들에게는 명문 규정이 없었기에, 단지 정의의 본능으로만 하는 거친 논쟁으로써, 한 사람이 또 다른 사람들보다 더 많은 것을 수여받게 하는 결정을 내렸다. 그들의 본성이 점점 더 깨어나자 그들은 생활과 관습에 질서를 부과하였는데, 그것은 야기될 수 있는 어떠한 반대에 대하여 물리적 힘을 행사하려는 것이다. 그들은 또한 왕들이라 부르며 노예들과 사람들이 쓰지 않는 장신구를 착용해 사람들이 복종하게 하고 마침내는 그들을 숭배하게 하였다.

  한때 이런 생각을 품었던 사람들에게 별로 큰 어려움이 없었던 것은, 그 초기 사람들에게는 그들이 사람이 아닌 신들로 보였기 때문이다. 그러나 이들은 자신들의 힘이 대단하다고 여기지는 않았기에, 종교에 대한 감정을 강화하여 종교의 힘으로 겁을 주어, 힘으로는 제압할 수 없는 그 백성들을 거룩한 성전 의식에 예속하여 복종시키고자 속박하기 시작하였다. 그에 더하여 그들의 부친, 조부, 조상들까지 신격화하여 백성들에게 더 큰 두려움과 존경심을 유발하고자 하였다. 시인들의 시 작업 없이는 이를 쉽게 이룰 수 없었기에, 시인들이 그들을 도와 그들의 명성이 퍼지게 하여, 왕자들을 기쁘게 하고 그 백성들도 즐겁게 하여, 정숙하게 행동하도록 양쪽 모두를 설파하였다. 시인들이 이런 일들을 공공연히 발설하였다간 그들이 망해버릴 처지라서, 왕자들이 믿기를 바라는 바대로 시인들은 그때는 물론이고, 지금조차도 못 배운 사람들이 알기 어려울 만큼, 대단한 허구로 잘 꾸며대어 백성들이 믿도록 하였다. 그 새로운 신들을 위하여, 그 신들의 후손이라 가장을 하는 사람들을 위하여, 시인들은 초기 시대 사람들이 오직 그 참된 신을 숭배하고 그분을 공경코자 사용했던 것과 똑같은 방식으로 시를 썼다. 그때 사람들이 그렇게 신들과 함께하는 용감한 사람들의 행동을 동일시하였기에, 신들과 같이한 사람들의 주목할 만한 행위와 전쟁의 일들을 기쁨의 시로써 축하하는 관행이 생겨나게 되었다. 이것이 먼저 언급한 다른 일과 같이, 예전이나, 지금이나, 모든 시인들의 관행이 된 임무이다. 그러하기에 시에는 우화보다 훨씬 더한 무엇이 있음을 믿으려 하지 않는 이해심 없는 사람들 때문에 나는 내 계획대로 넘어가려 하는데 그전에 먼저 시가 신학이라는 것을 짧게 말한 다음, 시인들이 왜 월계관을 쓰게 되었는가도 말하고자 한다.

만일 우리가 이러한 사실들을 염두에 두고 이성을 가지고 본다면, 고대의 시인들이 추구한 것은 인간의 마음이 닿을 수 있는 한, 거룩한 성령의 발자취를 밟아 왔음을 쉽게 볼 수 있다고 나는 믿는다. 우리가 거룩한 성서에서 보는 바에 따르면, 성령은 수많은 다른 입으로 그 최고 비밀들의 미래 시간을 나타냈고, 그들이 베일 아래 말한 것이 적당한 시기에는 베일 없이 시들로써 보이게 하려는 의도가 있었다. 만일 그 시인들이 거룩한 성서에서 보는 바와 별로 다르지 않았음을 보려면, 그 작품들을 주의 깊게 살펴보아 그들이 가장하고 있는 것이 허구라는 덮개 아래 그전에 있었던 일이거나, 그때에 있던, 또는 그들이 열망하거나, 미래에 일어나리라 생각한 일을 쓰고 있음을 알게 된다. 그러므로 글쓰기의 두 형식이 비록 같은 결말을 내는 것은 아니지만 취급 형식은 오직 하나로서(지금 나의 마음을 크게 사로잡고 있는 것이다.) 위대한 그레고리 교황의 말대로 그들은 두 가지로 같은 찬양을 한다는 것이다. 그가 말하길 성경은 항상 시일 것이라고 하며, 같은 대화 과정에 성경의 숨은 신비가 나타난다고 하였다. 그러니 이는 동시에 하나는 현명한 사람들을 단련시키고 다른 하나는 단순한 사람들을 위로한다는 것이다. 이는 표면상으로 어린아이들에게 영양을 공급하고 그 속은 고귀한 생각을 하는 사람들의 마음을 존경심으로 황홀하게 붙잡는 것이다. 만일 나보고 이를 말하라면 아주 부드럽고 깊은 강이 하나 있는데, 그 강은 어린 양이 건널 수 있는 곳도 있으며, 굉장히 큰 코끼리도 쉽게 헤엄칠 수 있는 곳이 있는 것과 같다고 하겠다. 그러나 지금 우리는 내가 제안했던 몇 가지에 대한 정당성을 입증해야 할 순서가 되었다.

제10장
시와 신학의 차이

 우리가 신학이라 부르는 성경은 때로 역사의 가정 아래, 마치 환상인 듯, 또는 애가의 형식이나 기타 여러 방식으로 '거룩한 말씀'의 화신인 그 높은 신비를 우리에게 보여주는 일을 감당한다. 성경은 우리에게 그분의 생애, 그분의 죽음에 관한 일들, 그분의 승리의 부활, 그분의 놀라운 승천과 그 외에 모든 행적을 통하여 보여주는 그 가르침, 즉 첫 사람의 죄로 인해 우리에게 오랫동안 닫혀 있게 한 후에 그분의 죽음과 부활로써, 그분이 우리에게 열어주신 그 영광 속에 우리가 머물게 하려 한다.

 그래서 시인들은 우리가 시라고 부르는 그들의 작품 속에서 때로 여러 신들로, 때로 사람을 여러 형태로 바꾸어가며, 때로 부드러운 설득으로, 사물의 이치와 덕성과 사악한 결과를 보여주기에, 우리가 무엇을 피해야 하고 무엇을 좇아야 하는가를 알려 주어서 끝까지 덕스러운 행동을 취하게 함으로, 그 시인들이 참 하나님을 정말로 모르고 있었을지라도, 그들은 우리의 최상의 선을 믿은 것이다.

거룩한 성령이 바란 것은 푸른 덤불에서 타오르는 불꽃 모양으로 모세가 하나님을 뵙게 하는 그 방식으로, 모든 창조물 중 가장 순수한 그녀의 처녀성이 자연의 주께서 거주하는 장소로 정하여 수태의 흠 없이 '아버지의 말씀'을 탄생할 운명임을 보이는 일이다. 성령은 느브갓네살이 본 환상에서 여러 금속으로 만든 조각상이 돌멩이 하나로 부서져 산으로 변하는데, 이는 모든 지난 시대가 그리스도의 가르침으로 뒤집어지리라는 것이며, 그리스도는 전에도 계시고 현재도 살아 계신 반석으로, 이 반석에서 난 기독교는 우리가 보는 산처럼 영원불변하리라는 것을 보기 바란다. 성령은 '예레미야의 애가'로 예루살렘의 미래 멸망을 예언하려 하였다.

이와 같은 방식으로 우리의 시인들은 사투르누스Saturn가 많은 자녀들 중 넷을 빼고 모두 삼켜버렸다고 가정하여, 이 허구의 사실에서 사투르누스가 시간이며, 시간이 모든 것을 생산하고 그 시간이 생산한 모든 것을 시간이 부패하고 분해하여 그것들이 아무 것도 아님을 우리가 믿기를 바란다. 그가 삼키지 않은 네 자녀 중 하나가 제우스Jove이고 불의 본질이라 한다. 둘째는 헤라Juno이고 제우스의 누이이자 아내이며 공기의 본질로 불보다 효력이 낮다고 한다. 셋째는 바다의 신 포세이돈

Neptune으로 물의 요소다. 넷째이자 마지막은 하데스(디스)Pluto로서 지옥의 신이자 흙의 요소로 다른 본질들보다 낮다. 이러한 방식으로 우리의 시인들은 헤라클레스Hercules가 사람에서 신으로 변했고 라이캐온Lycaon이 사람에서 늑대로 변했다고 가정을 한다. 여기서 시인들이 우리에게 바라는 것은 도덕 교훈으로, 헤라클레스가 행한 덕스런 행위가 사람으로서 신이 되어 하늘에서 살게 되고, 라이캐온의 악행은 그가 비록 사람으로 보이나 실은 그 결함이 짐승과 다를 바 없는 강탈과 탐욕으로 늑대 같아서 늑대로 변했다고 하는 것이다. 같은 식으로 우리의 시인들은 내가 낙원paradise의 달콤함을 느끼는 엘리시안 들판Elysian Fields의 아름다움을 상상해 냈고, 지옥의 비통함을 알 수 있는 디스Dis의 암흑도 지어내어, 우리가 한 가지 기쁨에 매혹당하여 그와는 또 다른 고통에 대한 두려움 때문에 엘리시움Elysium에 갈 수 있는 덕성을 따르게 하여 디스로 떨어지는 사악에서 멀리하도록 우리를 인도한다. 이런 일들은 가능한 한 분명히 논할 수 있으며 즐거운 일이고 또한 나의 논쟁에 큰 도움을 줄 터이지만 더 이상은 논하지 않으려는데, 이는 주요 주제의 요구보다 더 멀리 나를 이끌거나 내가 하려는 일에서 더 멀리 가게 할 것이 뻔해서다.

확실히 내가 한 더 이상을 하지 말려면, 신학과 시가 하는 일을 고려해 보겠다는 동의를 쉽게 해야 한다. 어쨌거나 또 할 말은 신학과 시의 주제는 서로 매우 다를 뿐 아니라, 어떤 면에서는 반대이기도 하다는 것이다. 거룩한 신학의 주제는 거룩한 진리인 반면, 고대 시인들의 주제는 사람들이자 이방의 신들이다. 그것은 신학이 진리가 아닌 것은 아무것도 전제로 하지 않는다는 반면에, 시는 기독교에 반하는 가장 거짓되고 잘못인 어떤 것을 진리처럼 가정하는 것에서 서로 반대다. 그래서 시인들에게 반항하는 어리석은 사람들이 나서서, 시가 진실과 일치하지 않는 꼴사나운 우화들로 만들었다고 하니, 우화가 아닌 다른 방식으로, 시인들이 그 능력을 나타내는 것만, 어리석은 자들이 그 무지를 깨닫도록 지금의 설명을 더 해야겠다.

그러니 이런 사람들을 위하여 다니엘, 이사야, 에스겔과 그 외에 거룩한 펜들이 구약에서 기술하는 환상들을 보게 하여, 시작과 끝이 없는 그분이 그곳에서 설명하고 있는 것을 좀 보라고 하자. 그들에게는 또한, 신약에서 사도 요한의 환상들이 그것을 이해하는 사람들에게 경탄할 진리로 가득 차 있음도 보게 하자. 심지어 시의 우화가 진리와 그 박진감에서, 여러 곳에 나타난 만큼이라도 먼 것을 찾지 못하겠으면, 적어도 시인들이 기쁨이나 이득이 아닌 것을 주려고 우화로 기획하여 말한다는 것을 인정하여야 한다. 우화 또는 우화로써, 그들의 가르침을 나타내려는 시인들에게 내리는 비난에 대하여 아무 말도 하지 않고 지날 수도 있지만, 그럴 수 없음은 사람들이 미친 듯이 시인들을 비난할 때 그들이 무모하게도 다름 아닌, 길이요, 진리요, 생명이라 하신 성령을 부인하는 잘못에 떨어짐을 내가 잘 알아서다. 그러니 이 모든 것이 만족스런 설명이 되기를 바란다.

  모든 일 중에서 분명한 것은 수고 없는 일보다 수고를 요하는 일에서 오는 달콤함이 훨씬 크다는 것이다. 우리가 적은 수고로 쉽게 얻은 기쁨은 쉽게 잊힌다는 쉬운 진리에서 노고로 얻은 진리가 훨씬 기쁨을 주고 더 오래가기에, 시인들은 이것을 사실들 아래 감추어, 이것이 전혀 반대로 나타나도록 하였다. 시인들이 선택한 다름 아닌, 이 감춤이라는 우화의 형식에서, 철학의 논증들이나, 설득으로는 닿을 수 없는 사람들이, 그 우화의 아름다움에는 끌리기 때문이다. 그러니 우리는 시인들에 대하여 무슨 말을 해야 하는가? 시인들이 말하는 것이 무엇인지 알지도 못하면서 함부로 말을 하며 흠만 잡는 바보들처럼, 우리들도 시인들이 미친 사람들이라고 생각해야 하는가? 오히려 그와는 반대로, 시인들이야말로 그들의 방식 안에 깊은 지능이 있으며, 나무껍질과 보이는 잎들만큼이나 탁월하고 아름다운 능변을 토하는, 숨겨진 열매라고 간주해야 한다. 그러니 우리가 떠났던 곳으로 되돌아가자.

신학과 시의 주제가 같을 때는 거의 대체로 같은 일을 한다고 나는 말하고 있다. 여기서 더 나아가, 나는 '신학은 하나님의 시의 한 조각보다 더 나을 것이 없다'고 말하겠다. 'I say further that theology is nothing else than a piece of God's poetry.' 성경에서 그리스도는 그가 사자이고 양이며 뱀이고 용이며 다음에 그가 반석이라고 말할 때, 또 그가 수많은 다른 방식으로 말할 때, 이 모두를 지루하다고 한다면, 시의 허구에서 이보다 더한 것이 있겠는가? 복음서에서 구세주의 말씀들을 포함해야 할 평범한 감각에서 만일 다른 길이 없다면, 우리가 보통 비유라고 하는 방법 말고 달리 무엇이 있겠는가? 그러니 분명한 것은 시가 신학일 뿐 아니라, 신학이 시로도 나타난다는 사실이다. 이렇게 위대한 사실들을 말하는 나를 믿지 못한다 하여도 당황하지는 않겠다. 그러니 차라리 사물의 무게에 가장 가치 있는 권위를 부여하는 아리스토텔레스를 믿도록 하라. 그는 시인들이야말로, 최초의 신학자들이라고 확실히 한 사람이기 때문이다. 이것으로써, 이 주제는 충분하니 우리는 왜 시인들만 홀로 모든 지식인 가운데 그 영예로운 월계관을 쓰는지로 돌아가기로 하자.

제11장
시인들에게 수여하는 월계관

지구상의 많은 나라 중 가장 먼저 철학과 철학의 비밀을 세상에 드러낸 사람들은 그리스인들이라고 여긴다. 그 철학이란 보물에서 그리스인들은 군사 지식, 정치 생활의 이해와 그 외에 많은 중요한 일들을 끌어내 와서 어떠한 나라들보다 점점 더 유명해지고 축하를 받는 나라가 되었다. 그리스인들이 철학의 보물에서 꺼낸 여러 일 가운데는 이 작은 책 처음에 인용한, 고귀한 솔론Solon의 의견이 있으니, 자신의 두 발로 굳고 곧게 서서 그들의 공화국이 세상에서 가장 융성토록 걸었던, 선한 자를 위한 보상, 악한 자에게 내리는 벌칙이란, 놀랍게 뛰어난 제도를 마련해 준수해 온 사실이 있다.

그들이 만든 선행의 보상에서 중요한 것은 국가의 힘을 승리로 신장한 황제들과 굉장한 노고를 기울인 시인들에게 대중의 공감을 얻어 공개석상에서 월계수 잎으로 만든 월계관을 씌우는 일이다. 그들이 심사숙고한 것은 인류를 보존하고 향상시킬 덕성의 사람과 거룩한 일들을 취급하는 사람을 똑같은 영광에 속하게 한 것이다.

비록 그리스인들이 이러한 영예의 창시자들이기는 하지만 이가 그대로 로마에 전해져 전 세계에 무력의 영광이 로마인의 이름으로 주어질 때와 지금은 아주 드문 일이지만 시인들의 대관식도 고스란히 전해지게 되었다. 이와 같은 대관식에 다른 나뭇잎들이 아니고 왜 월계나무 잎이 선택되었는지를 알아보는 일도 꽤 흥미로울 듯하다. 사람들이 아는 것은 포에부스Phoebus가 사랑한 다프네Daphne가 월계수로 변하였기에 그 나뭇잎들을 사랑한 포에부스가 자신의 칠현금을 그 나뭇잎들로 장식하였으며, 그가 처음으로 승리의 환희를 표현한 첫 저자이며 시인들의 후원자라고 하는 것이다. 사람들이 그것을 그대로 모방하여 포에부스가 처음 한 대로 대관식을 행하여 시인들과 황제들을 위한 날들에는 똑같이 월계수 잎들을 쓰게 되었다. 이 의견이 결코 불쾌하지도 않고 그럴 듯하여 부인하지 않으나, 그와 다른 이유가 더 나의 호기심을 자극한다. 그것은 식물의 본성과 장점들을 연구 조사하는 사람들이 월계수의 특성을 유의해 보면 찬양받을 가치가 세 가지나 있다고 하는 것이다. 첫째, 모두 아는 대로 나무의 푸르름을 그 나뭇잎들이 결코 잃지 않는 것. 둘째, 이 나무는 절대로 벼락을 맞지 않으며, 어떠한 나무도 이와 같지 않은 것. 셋째, 우리가 느끼듯 이 나무는 매우 향기롭다는 것이다.

그래서 이러한 영예를 고안한 고대인들은 이 세 특성이 시인들의 그 덕스러운 행위들과 승리하는 황제들에게 꼭 맞는다고 여겼다.

먼저 그 영원한 상록수 잎들은 그들 작품의 명성을 나타내서, 월계관을 쓰는 사람, 또는 미래에 월계관을 쓰게 될 사람들의 작품들이 그 같이 영원히 존재하게 되리라고 그들은 말한다.

그때 그들은 이러한 작품들에 그런 힘이 있다고 생각하여, 그것은 시기의 불도 아니고 모든 것을 삼키는 시간도 그들을 칠 수 없으며 그보다 더한 하늘의 벼락조차 그 나무를 절대 치지 못한다고 보았다. 그들은 더 말하기를, 그 작품들에는 오랜 시간의 길이에도 결코 떨어지지 아니하는 우아함과 기쁨이 그것을 듣거나 읽는 사람 누구에게든 항상 받아들여지는 향기가 있다고 하는 것이다.

그러므로 지금까지 보아온 대로 이 같은 작품들의 효력을 지니고 있는 사람들에게는 그 어느 것보다 그 나뭇잎으로 왕관을 만드는 일이 가장 적합하다. 그래서 이유를 불문하고 우리의 단테가 그 영예를 열렬히 추구하고자 그 지성의 정도에 그런 장식을 할 가치 있는 사람이 되고자 그의 능력을 훨씬 높인 성과

와도 같다.

  그러니 이젠 이 지엽에서 벗어난 데로부터 본론으로 돌아갈 시간이다.

제12장
단테의 우수성과 결점

 그전에 말하였던 것에 덧붙여, 우리의 시인은 고결하기에 경멸하는 기질이 있었다. 그의 친구 중 한 사람이, 그 모든 것 중에서 단테가 가장 바랐던 일인 피렌체로 귀환하려는 그 집요한 소원을 이루어 주고자 애를 쓸 때, 그 당시 권력을 쥔 공화국 정부 요인들과 모종의 협의를 하여야만 하였다. 그것은 단테가 정해진 기간 동안 감옥에 있어야 하고 그 다음 공공의 축제일에 중요한 교회에서 한 가지 굴종 행위를 하여야 그에게 부과된 모든 판결이 면제되어 자유로워진다는 조건이었다. 파렴치범에게나 어울릴 만한 이런 일들이 그 누구도 아닌 자신에게는 있을 수 없는 수치스런 절차로 비쳐져 그토록 큰 갈망에도 불구하고 그런 귀향을 하느니 차라리 추방당한 채 지내기로 단테는 택하였다.
 '오, 그 얼마나 고결하고 갸륵한 냉소인가!'
 '철학의 도량에서 자란 한 남자가 귀향하려는 그 간절한 마음

을 단호히 억제하게끔 당신들이 그 얼마나 비열한 방식을 취하였는가!'

 지금까지의 보고대로, 그는 스스로 쌓은 그렇게 위대한 지식의 축적에 큰 가치가 없다고 생각지는 않았다. 이에 대한 여러 일들 가운데 한 번 크게 유의할 만한 사건이 있으니, 그것은 그가 조직에 속해 있던 피렌체공화국 정부 수장으로 있던 동안의 일이다. 프랑스 필립 왕의 친척 또는 형제로 불리던 교황 보니파스 8세 치하에서 프랑스 왕 찰스가 우리 도시의 업무를 맡게 되리라는 시절에 단테의 당은 권력 밖에 있었다. 이러한 도시에 관한 업무를 의논하고자 단테가 속한 당의 지도자들이 다들 모였다. 그들은 로마에 있는 교황에게 대표단을 보내서 찰스가 오는 일을 막도록 교황을 설득하거나 또는 그때 통치하던 당과 동의하러 교황이 오도록 이끌어내자는 결정을 내렸다. 이 사절단의 의장을 누구로 할 것인가를 정하게 되자 모두가 단테이어야만 한다는 데에 일치를 보았다. 이와 같은 임명에 단테는, 다소 자신을 높이며 말하길, "만일 내가 가면 누가 남는가? 만일 내가 머물면 누가 가는가?"라며 마치 그만이 그들 가운데 유일한 가치가 있는 듯이, 마치 다른 사람들은 오직 그를 통하여서만 가치가 있다는 듯이 말을 하였다. 이러한 말들을 듣거나 기억해내는 일이 지금의 주제와는 아무런 상관이 없으니 이는 그냥 놔두고 지나가기로 한다.

  이 밖에도 이 능력 있는 남자는 그의 모든 역경을 통하여서 강하였다. 내가 말해야만 하는 두려운 일 한 가지는 그가 참을성이 없으며 열정적이기까지 하다는 사실이다. 추방당한 다음에도 그는 잠자코 지내기보단 정치당파에 관한 일들에 더 많은 참견을 하려고 하였으며 다른 사람들보다 더 많이 알기를 원했다. 그가 그렇게 격정적으로 집요하게 고착하였던 당파가 무엇인지를 알아내려면 이 사실에 대해 내가 좀 더 추적을 해야 할 것 같다.

  나는 하나님께서 오래전에 허하신 정의의 분노로 거의 대부분의 투스카니와 롬바르디가 두 정당으로 나뉘게 되었다고 믿는다. 그들이 어떻게 그와 같은 이름을 가지게 되었는지 모르나 하나는 겔프당이고 다른 하나는 기벨린당이다. 그리하여 이런 두 이름들에 많은 어리석은 사람들이 대단한 권력과 존경을 부여하여, 선택받은 한 당이 그 반대당을 방어하는데, 한 사람의 재산은 물론이고 필요하다면 사람의 생경까지 종국에는 잃게 하는 환난도 마다 않으려는 생각들을 하였다. 그리하여 이런 이름들 아래 이탈리아 도시들은 자주 가혹한 탄압과 변천을 겪어야 하는데, 그러한 도시들 가운데 우리 도시가 가장 으뜸이어서 지금은 이 당이, 또는 저 당이 시민들의 변하는 마음대로 교체를 하였다. 그리하여 단테의 조상들은 겔프당으로서 기벨린당에게 두 번이나 축출을 당하였고, 단테 역시 겔프당원으로서 피렌체공화국의 고삐를 쥐고 있었다. 내가 보여준 대로, 그 자신 역시 추방을 당했는데 기벨린당이 아닌 겔프당이었기에, 그가 돌아갈 수 없음을 알게 되자, 그의 감정은 극변하여 기벨린당에는 아무도 없으리만치 겔프당에 맹렬한 적개심을 품게 되었다. 그래서 내가 가장 얼굴 붉히는 그에 대한 추억은 볼로냐에서 있었던 대중의 공통된 평판으로 기벨린당의 정치적 불이익에 대해 말하는 사람이면 여자나 어린이를 막론하고 그가 미친 듯 열을 내서 만일 그 말을 하던 자가 입을 다물지 않으면 돌을 집어던질 기세였다는 것이다. 그리고 이 적개심은 그가 죽기까지 지속한다. 물론 나는 이와 같은 남자의 명성에 어떤 결점을 불거지게 하는 일이 부끄럽지만, 내가 하는 일의 기획상 어느 정도까지는 이가 필요하기에, 만일 그가 갸륵하게 여겨지지 아니할 일에 대해 내가 침묵을 지키면, 내가 벌써 지적한 찬양받을 덕성들에 대하여 독자들의 신뢰를 저버리게 된다고 본다. 그러므로 내가 이것을 쓰는 것을, 우연히 높은 하늘에서 경멸의 눈으로 내려다 볼 그에게 나 자신을 위하여 변명한다.

 이 같은 덕성과 학식의 한가운데 있는 이 놀라운 시인이, 위에서 본 대로 그 큰 장소에서 보인 그런 열정은 그의 젊은 시절만 아니라 장년기에도 여러 곳에서 볼 수 있다. 말하자면, 이 결점은 자연스럽거나 비속하거나 간에 진실로 이해를 구하거나 심지어 용서를 구할 수 없을지라도 필요하다.

그러니 죽을 운명의 사람들 중, 누가 이를 바로 비난할 만큼 바른 심판관이 있는가? 나는 결코 아니다. 아, 사람들은 왜 그렇게 곧바르지 못하고 야수 같은가! 여자들이 선택하지 않고서도 그들이 그렇게 대단하게 지니고 있는 것을, 만일 그들 보고 택하라면, 그들이 가지지 않은 것을 가진 우리 남자들을 압도할 그 영향력이 대체 어떻게 될 것인가? 여자들은 매력, 아름다움, 자연스런 맛, 그리고 다른 많은 것들로서 남자들 마음속에서 끊임없이 그들을 위하여 일을 하게 한다. 이것이 진실임을 알리기 위하여 제우스가 유로파를 위하여, 허큘리스가 아이올을 위하여, 파리스가 헬렌을 위하여 어떻게 하였는가를 제시할 필요조차 없는데, 왜냐하면 그것들은 시의 주제들로 우화라고 부르며 하찮게 여길 사람들이 많아서다. 그렇다면, 그 누구도 탓할 수 없는 실례를 즉각 들어보기로 하겠다. 우리의 첫 아버지가 그녀의 설득에 양보했을 때(하나님의 입으로 그에게 직접 주신 그 명령을 어긴) 바로 그 시간, 그 세상에, 그 한 여자 외에 누가 달리 또 있었는가? 분명히 없었다. 그리고 다윗 왕과 밧세바의 일화를 한 번 보자. 다윗 왕은 그녀 때문에 하나님과 왕국과 자신과 영예를 저버리고 처음엔 간통인, 다음엔 살인자가 되었다. 만일 그 여자가 그에게 무슨 명령을 내렸든 간에 그가 행하였으리라고 우리는 생각지 않는가? 솔로몬도 그러하지 않았는가, 인자를 빼고는, 그 누구도 받은 일이 없는 지혜의 사람임에도 그를 지혜롭게 하신 그분을 저버리고 한 여자를 기쁘게 하려고 바알에게 무릎 꿇고 숭배하지 않았는가? 헤롯도 어떻게 하였는가? 다른 많은 이들도 그들의 쾌락밖에는 아무것도 아닌 일에 이끌려서 무엇을 하였는가? 그러므로 그렇게 많은 사람들의 그렇게 많은 사례들 가운데 우리의 시인은 변명하지 아니하고 지나칠 수도 있으나 그만이 예외일 수는 없기에 훨씬 덜 엄격하게 하였다. 현재로선 이것이 훨씬 더 주목할 가치 있는 그의 버릇들이라고 만족하자.

제13장
단테가 쓴 다른 작품들

　영광의 이 시인이 생애에 지은 많은 작품들은 그 어느 하나라도 그 누구에게 바친다거나 또는 혹시라도 다른 누군가의 덕이 아니라는 이유를 잘 정리해 놓은 비망록처럼 여겨진다. 그는 처음 베아트리체 죽음의 애도 기간을 거치며 그전에 여러 시기에 미리 써 두었던 운문에다 짧은 구절들, 소네트(14행의 시), 송시odes를 모두 모아 '신생'이라 부른 작은 책을 내놓았다. 시 작품들을 구분하기 전 하나하나에 주기를 하여 시를 짓게 된 사유를 바른 순서대로 자세히 적었다. 비록 그가 장년의 나이에 젊은 시절을 돌아보며, 이 작은 책 쓴 것을 매우 못마땅히 여겼을지라도 그의 젊은 나이를 고려해 보면, 특히 보통 사람들 눈에는 이것이 매우 상쾌하고 아름답다.

　이것을 편집하고 몇 년이 지나, 그가 그 공화국 정부를 관장하는 가장 높은 자리에서 아래를 내려다보게 되자, 그와 같은 자리에 오른 사람으로서, 남자들의 생애는 어떠해야 하며, 보통 사람들의 잘못은 무엇이며, 소수의 남자들이 어떻게 대중과의 거리를 유지하는가를, 그들이 가치를 두고 있는 영예가 무엇인지, 군중에 야합하는 자들이 받아야 할 수치가 무엇인지, 그가 비난하였던 사람들의 야망이 그 자신보다 더한 것에 대하여 큰 시야로써 보게 되었다. 그것에서 그의 마음 깊은 데서 높은 사고가 일어나 즉시 고안한, 그의 능력을 보여주는 것으로 사악한 자들은 무서운 고통으로 벌을 받고, 가치 있는 사람들은 큰 영예의 보상을 받는다고 하는, 그 자신을 위하여도 영원한 영광을 준비하는 작업이었다. 그가 모든 다른 학문 연구들 중에서 시를 가장 우선시하였다고 내가 앞서 보여준 대로, 그는 시의 작업으로 이를 구상하는 것이 옳다고 보았다. 그리하여 그는 무엇을 해야 할지 오래 동안 숙고하고 나서 그의 나이 35세에 미리 작성한 사람들의 생애가 그들의 장점에 따라 온갖 다양성으로 벌과 보상을 받게 된다는 이야기를 작성하기 시작하였다. 그는 인생에 세 가지 종류- 사악한 인생, 사악함을 떠나서 덕을 지향하는 인생, 덕스러운 인생-가 있다고 인정하였기에 그의 작품을 감탄스러운 세 가지 책으로 나누어 사악한 자들이 벌을 받는다는 시작에서 덕스러운 자들이 보상을 받는다고 마감하는 책을 써서, 노래Comedy라는 이름을 지었다. 이 세 가지 책들을 그는 각각의 곡canto으로, 곡은 4행 이상의 시구stanza로 쉽사리 볼 수 있게 나누었다. 그는 이 모두를 운문 시verse의 일상어 vernacular라는 위대한 기술과 순서의 아름다움으로 하였기에, 그 어떤 점에서도 그 어느 누구도 아직은 그 잘못을 바르게 지적할 수 없게끔 지어 놓았다. 모든 점에서 그가 이 시들을 얼마나 치밀하게 썼는가는 이 시 전체를 통하여 이해할 능력을 지닌 사람들만이 볼 수 있다. 그러나 바로 우리가 보는 바대로 위대한 것을 짧은 시간에 이해하기는 어렵고, 그렇게 높고 위대하고 정교한 것이- 왜냐하면 일상어를 써서 시를 지어야 하고 그 안에 사람들의 행위와 그들의 공과를 시적으로 다루어야 하기에- 단시일 내에 자리를 잡기는 어렵다는 것을 우리는 또한 알아야 한다. 그리고 특히 한 남자, 내가 보여준 단테처럼, 하나같이 심한 고난으로 쓰디쓴 독과 같이 다양하고 수많은 행운[1]의 사건들로 지난했던 사람을 이해하기도 마찬가지다. 그래서 내가 위에서 말한 그 시간부터 이 높은 작품에 처음부터 그는 자신을 바쳐 생애 마지막까지 작업을 계속하였다. 그런 와중에도 그는 앞

---

1 보카치오는 행운이란 낱말을 Fortune이라고 대문자로 썼는데 아마도 단테 개인에게는 불운했던 그 일생의 고난들이 『신곡』으로 이어져 귀한 유산을 남기게 돼서 그 결과는 단테 자신이나 우리 모두에게 행운이라는 의미다. 또한 이 13장의 시작도 사람들이 흔히 베아트리체를 위하여 단테가 신곡을 지었다고 말들 하나, 그건 아니라고 완죽히 부인하는 자세가 참되어 실제의 시각에서 신선하다. 단테의 『신곡』 구상 사유에 대한 일들과 『신곡』보다 훨씬 먼저 쓴 『신생』에 대한 언급이 새롭다. 단테의 피렌체 추방 이전에 쓴 『신생』은 비록 단테의 것일지라도 젊어서의 유별나고 섬세한 시인으로서의 순애보에 그치는 로맨스일 뿐이고, 나중에 사회의 고위직 공인으로서 쫓겨나기까지 그가 겪게 되는 인생의 쓰디씀에서 우러나와 쓰게 되는 『신곡』과는 결코 비교할 수 없다는 견해다. 단테를 정중히 높이는 보카치오의 진심이 극진하다.

으로 나올 작품들을 구상하였다.

  이것은 그의 생애 가장 위대한 작품의 시작과 마지막에 간주되는 일에 생긴, 지금부터 짧게 언급할 몇 가지 사건들과 연루된다.

제14장
'신곡'을 쓰는 과정에 일어난 사건들

단테가 이 영광스러운 시 작업을 의도하고 바로 첫 번 부분인 일곱 곡을 지어 이를 지옥Inferno이라 불렀는데(이 주제는 처음에는 결코 기독자가 아니고 오로지 이교도들을 다루려는 것이었다), 그때 그 끔찍한 도주, 또는 추방이라 불리는 사건이 일어났다. 이로 인해 그는 그의 시와 다른 모든 일과 그 계획들을 불확실하게 팽개친 채 여러 다른 친구들과 군주들 사이로 수년간을 방황해야 하였다. 그러나 우리가 가장 확실히 믿어야 할 일은 하나님께서 운명의 여신에게 정해주신 일을 거스르는 것은 그녀의 과업을 지연은 할지언정 이의를 제기할 수 없다는 사실이다. 그래서 어떤 사람(이 사람은 단테의 어떤 상자들 속에서 다른 것들 가운데 필요한 서류를 급히 구하여 거룩한 장소에 숨기려던 순간에, 그 무자비하고 몰상식한 무리들이 복수보다는 장물을 취하려는 열정으로 그 집에 갑자기 닥쳐들었던 때의 일이다)이 단테가 작성한 이 일곱 곡을 찾아낸 사건이 일어나게 되는 것이다. 그는 그것을 읽자 그것이 무엇인지 모른 채, 존경심으로 그리고 기쁨에 차서, 그것이 있던 장소에서 잘 꺼내어 우리들의 동료 시민이자 당시 피렌체 유명 시인 디노 프레스코발디Dino Frescobaldi에게 가져가 그것을 보였다. 높은 지성의 사람 디노는 그 시들을 보자, 그것을 그에게 가져온 사람 못지않게 그 시의 아름다움, 세련됨, 화려한 형식, 그리고 그가 발견한 그 명쾌한 낱말들 아래 숨어 있는 분별의 깊이에 경탄하였다. 그 놀라움 때문에 그리고 그 시들을 찾아낸 장소 때문에 그 시를 찾은 사람처럼 디노도 그 시들이 단테의 작품임을 깨달았다. 그 작품이 미완임에 그들 자신은 그 마지막이 어떻게 끝나야 할지 결정할 수 없었기에 그에 대한 고심으로 단테를 찾을 방법과 그들이 찾은 것을 그에게 보낼 방법을 의논하고 가능하면, 그가 이 좋은 시작을 그가 계획한 대로 끝마쳐주기를 바랐다.

단테가 마르케스 모르엘로Marchese Moruello와 같이 있음을 듣고 그들은 단테가 아니라 마르케스에게 편지로 그들의 소망의 대강을 쓰고 그 일곱 곡을 보냈다. 위대한 이해의 남자 마르케스도 그 시를 보자 그것을 높이 사서, 그 시를 단테에게 보여주며 혹시 누구 작품인지 아느냐고 물었다. 단테는 그 시를 금방 알아보고 자기 것이라고 대답했다. 그러자 마르케스는 단테에게 그 웅대한 시작을 이렇게 만족스러운 결말 없이 그냥 놔두지 말고 친절을 베풀기를 간청하였다.

"물론이지요."라며 단테는, "나는 나의 패망으로 이 시들과 나의 많은 책들을 잃어버리고 이로 인해, 또 추방에 따른 여러 걱정거리들로 인해 내가 이 작품에 품었던 원대한 포부를 완전히 포기했다고 여겼습니다." "어쨌거나 뜻밖에 행운의 여신이 이를 돌려주었고, 또 당신이 이것을 좋아하니 나의 처음 개념을 되찾아내려 노력하여 나에게 그렇게 하라고 허락하신 그 은혜에 따르기로 하겠습니다."고 말하였다. 그리하여 그와 같은 간격이 있었음에도 별 어려움 없이 그가 버려두었던 고안대로 다음과 같은 낱말들로써 이어지게 하였다. 계속하여 내가 말하기를, 그 오래전에… 누구든지 가까이 보는 사람은 여기가 그 버려졌던 작품과 합류한 지점임을 분명히 볼 수 있다.[1]

이렇게 해서 그 굉장한 작품을 단테가 다시 시작은 했으나 많은 사람들의 생각대로는 하지 못하고 여러 차례의 방해를 받고 나서야 끝마칠 수 있었다. 참으로 자주 사건들의 중력에 끌려 다닐 때마다 단테는 이것을 완성하리라는 어떤 방법도 없이

---

[1] 지옥 제8곡의 이 시작 구절이, 단테가 『신곡』을 수년 만에 다시 시작한 곳이라는 보카치오의 귀띔이다. 단테가 『신곡』 집필을 시작하여 '지옥'의 시작인 일곱 곡을 짓고 나서, 피렌체에서 추방당해 『신곡』 쓰기를 잊고 있었으나, 사람들의 친절과 격려로 오랜 시일이 지나서도 계속할 수 있었다는 이야기다. 그럼에도 쉽지 않은 과정과 세월이 걸렸다고 보카치오는 설명한다. 보카치오는 단테가 왜 열세 편을 써놓고도 숨겨놓아야만 하였는가, 까지는 캐내지 않았다. 『신곡』의 세심한 독자들로 하여금 생각해보라는 뜻이다.

몇 달이고 몇 년이고 잠시 이를 제쳐두곤 했다. 아니면 그는 그의 죽음이 덮쳐오기 전에 이 모두를 발표할 수 있었기에 그처럼 서두르지 않았을 수도 있다. 그의 습관은 여섯, 일곱 곡을 짓게 되면 그것을 누군가에게 보여주기 전에, 그가 어디에 있건, 그가 다른 누구보다 존경하던 메세르 칸 그란데 델라 스칼라Messer Can Grande della Scala에게 먼저 보냈다. 그것을 그가 처음 본 다음에 단테는 누구든지 원하는 사람에게 한 부씩 복사해주었다. 이와 같은 방식으로 그의 죽음에 이르는 시간까지 나머지 열세 편만 제외하고는 모두를 보냈다. 마지막 열세 편을 그가 썼지만 그 존재에 대하여는 어느 누구에게도 말하지 않았다.

아들들과 제자들이 그가 세상을 떠난 후에 여러 달 동안을 그 작품에 어떤 결말을 써 놓았는가를 찾아보려고 그의 모든 원고들을 찾고 또 찾아보았다. 그러나 그 마지막 곡들을 찾을 수 없기에 그의 모든 친구들은 하나님께서 적어도 그 작품의 마지막을 조금 남겨두어서 그가 마치지 못했더라도 세계는 그에게 충분한 빚을 졌다고 하시는 것은 아닌가 하는 압박까지 받게 되었다. 그래서 그들은 더 이상 찾기를 포기하고 절망하였다.

단테의 두 아들인 야코포Iacapo와 피에로Piero는 시인인데 몇몇 친구들의 설득으로 그들 부친의 작품을 미완성인 채로 둘 수는 없으니 할 수 있는 힘을 다해 완성해보자는 결정을 내렸다. 그때 다른 누구보다 열성이었던 야코포에게 놀라운 현상이 일어나 그의 어리석은 예상을 뒤엎을 뿐 아니라 그들이 찾지 못한 『신곡』의 나머지 열세 편이 어디에 있는가를 보게 되었다. 라벤나에 훌륭한 남자가 있으니 이름은 피에로 지아르디노 Piero Giardino로서 오랫동안 단테의 제자였으며 스승의 죽음 후에도 아홉 달이나 머물고 있었는데 그에게 야코포가 한밤에, 새벽이 가까운 무렵에 와서 방금 전에 본 짧은 이야기를 하였는데, 그것은 그의 꿈에 아버지 단테가 왔으며 흠 없는 옷을 입었으며 그 얼굴은 특별한 빛이 났노라고 한 것이다. 그는 아버지에게 살아 있는가를 묻자 그렇다고 그가 대답한 것 같으며 우리의 것이 아닌 참 생명이라 하였다. 그래서 그에게 그 참 생명으로 가기 전에 그의 작품을 완성하였는가를 물었다. 만일 그가 그것을 완성하였다면, 어디에 그 모자라는 부분을 두었기에 그들이 그렇게 찾을 수 없었는가를. 이에 그가 잠시 후에 대답한 것을 들었는데, '그래, 나는 그것을 완성했다.'는 것이다. 그리고 그 다음에 그 아버지가 그의 손을 잡고 그가 생전에 살았을 때 잠을 자곤 하던 방으로 데려가 그곳의 한 지점을 만지며, '그렇게 네가 찾으려고 하던 것이 여기에 있다.'고 하였다. 이런 말을 듣는 즉시, 그의 잠과 단테는 동시에 사라진 것 같았다. 그러니 그가 본 것을 참고 견딜 수 없어 증명을 해야 하니 그가 보여준

(그 마음 깊이 간직한) 장소를 찾아 함께 가서 거짓 망령인지 참 영인지 밝혀내자 하였다. 그래서 그 밤이 아직 남아 있지만 그들은 그가 언급한 장소에 가니 매트가 붙어 있는 벽을 보았다. 그것을 부드럽게 떼어내자 작은 입구를 보았는데 그들 모두 본 적이 없으며 있는 줄도 몰랐던 곳으로 그 안에 벽의 습기로 모두 곰팡이가 피어 좀 더 있으면 상해 없어질 상태의 몇 가지 원고들을 찾아냈다. 조심스럽게 그 곰팡이들을 닦아내고 읽어보자 그렇게나 그들이 찾았던 열세 곡을 담고 있음을 알았다. 그러므로 큰 기쁨에 차서 그것을 복사하여 제일 처음에 그 저자의 습관대로 메세르 칸 그란데에게 보낸 다음, 그 불완전한 작품에 덧붙여서 아주 올바르게 해 놓았다. 이것이 이 작품이 수년간이나 구성되었으며 완성을 이루게 되는 방식이다.

제15장
'신곡'을 일상어로 쓴 이유

몇몇 현자들을 포함한 많은 사람들이 부각하는 요점은 단테가 뛰어난 학식의 남자였음에도, '신곡'처럼 고도의 일을 추진하며 그토록 위대하고 괄목할 책을, 왜 피렌체 일상어로 쓰기로 했는가, 이다. 단테는 그 이전의 시인들이 하였던 것처럼, 왜 차라리 라틴 운문 시로 하지 아니하였는가? 이 질문에 답을 하려면, 여러 이유가 많으나 특별히 두 가지만 떠오른다. 이중에서 첫째 이유가 그의 동료 시민들과 다른 이탈리아 사람들에게 보다 더 유용하도록 하려는 것이다. 만일 그가 라틴 운문으로, 다른 시인들이 전에 하듯이 하면, 오직 배운 자들만이 접근할 수 있으리라는 사실을 알고 있었다. 그러나 그가 일상어로 쓴다면, 이전에는 결코 없었던 위업을 달성하는 것이다. 이것이 배운 자들의 이해를 방해하지도 않고, 우리말(이탈리아어)의 아름다움을 보일 것이며, 일상어에 대한 그의 기술이 뛰어나서, 이 시점까지 모두에게 무시를 받는, 배우지 못한 사람에게 그 스스로를 이해하는 기쁨을 주리라는 것이다. 이러한 결론으로 이끈 그의 두 번째 이유는 다음과 같다. 그는 모든 사람들에게 일반교양이 무시되는 것을 특히, 시의 작업이란 관습으로 찬양 받는 왕자들과 다른 큰 인물들이 그러는 것을 보았으며, 더구나 버질의 신성한 작품들과 다른 주목 받을 만한 시인들 작품이 보잘것없는 평가를 받아서 그 대부분이 대중들에게 경멸당하는 것을 보았기 때문이다. 그의 시작도 그 고귀한 주제가 요구하는 대로 이러한 식으로 시작을 했었다:

Ultima regna canam, fluvido contermina mundo,
spiritibus quae lata patent, quae premia solvunt
pro meritis cuicunque suis...

그는 여기서 멈췄는데, 이것이 여전히 우유를 빠는 사람들의 입에 빵 부스러기를 집어넣는 소용없는 짓이란 생각이 들었기 때문이다. 그래서 그는 그의 작업을 현대의 취향에 맞는 형식인 일상어로 시작하고 다시 계속했다.

사람들은 그가 『신곡』을 유명한 이탈리아인 세 사람에게 바쳤다고 말하는데, 첫 부분인 '지옥'은 우구치오네Uguccione della Faggiuola로서 당시 피사의 군주이고 투스카니에서 유명했으며, 둘째 부분인 '연옥'은 마르케스Marchese Moruello Malaspina에게,

셋째 부분 '천국'은 시실리 왕 프레데릭 3세Frederick III세다. 어떤 이들은 이 모두를 칸 그란데 델라 스칼라Messer Can Grande della Scalla에게 바쳤다고도 한다. 이 두 가지 제안 중 어느 것이 참인지 여러 사람의 쓸데없는 추측을 제외하곤 증거가 없으며, 또한 그다지 주의해서 연구할 필요가 있는 중요한 사실도 아니다.

제16장
군주론과 다른 작품들

이 화려한 저자는 또한 황제인 헨리 7세가 이탈리아로 오려는 즈음에 임하여 (제목이) 『군주론Monarchy』이라는 라틴어 산문 책 한 권을 썼는데, 세 가지 요점을 세 부분으로 나누어 정해 놓았다. 첫 부분에서 그는 논리상의 논법으로, 로마 제국이 세계를 잘 다스릴 필요가 있다는 첫 번 요점을 설명한다. 두 번째는 역사의 논법으로, 로마가 그 제국의 주체를 바르게 쥐어야 한다는 진행과정을 둘째 요점으로 보여준다. 세 번째는 신학의 논법으로, 성직자가 주권을 가진 듯이 보일 수 있기에, 그분(하나님)의 어떤 성직자이든 간에 성직의 중개 없이, 로마 제국의 권위는 하나님으로부터 직접 진행된다는 셋째 요점을 증명한다.

저자가 죽은 지 몇 년 지나서, 이 책은 요한 22세가 교황으로 있을 때, 롬바르디아에 있는 교황의 두 추기경 포세토Poggetto, 레가테Legate와 벨트란도Messer Beltrando에게 비난을 받게 된다. 그 까닭은 독일인 선거인들이 로마의 왕으로 선출한 바바리아의 공작 루트비히Ludwig가 교황 요한의 의지를 거스르며 자신의 대관식을 하러 로마에 왔기 때문이다. 로마에 있는 동안 그는 성직자 법령에 어긋나는 피에로 델라 코르바라 형제 소기사단을 조직하여 코르바라를 교황이라 칭하여 많은 추기경과 주교들을 임명하고 이 교황에 의해 자신이 왕관을 썼기 때문이다. 그 다음 그의 권위가 여러 면에서 의문시되자, 그와 그의 추종자들은 이 책(『군주론』)을 발견하고, 그들 자신과 그들의 권위를 위해 이 책 안의 많은 논거들을 이용하여 방어하기 시작하였다. 결과적으로 이 책은 그때까지 거의 알려지지 않았는데 매우 유명하게 되었다. 그 후에 루트비히가 독일로 돌아가자 그의 추종자들 특히, 그들 가운데 성직자들은 망하여 흩어져서, 벨트란도 추기경이 그 책을 찾아 비난하며 대중 앞에서 불태우고 이교의 내용이라 할 때, 아무도 반대하는 사람이 없었다. 그는 또한, 그 저자의 유골을 태워 저자 자신이 영원히 수치스런 오명으로 기억되기를 바랐다. 하마터면 그의 뜻대로 성공할 듯했으나, 피렌체의 피노 델라 토사Pino della Tosa라는 이름의 고귀한 기사가 마침 그 토의가 진행되던 볼로냐에 있었으며, 그와 함께 오스타지오 다 폴렌타Messer Ostagio da Polenta가 있어서 두 사람이 함께 그 추기경에게 영향력을 행사했다. 『신곡』과 『군주론』외에도 단테는 내가 위에서 언급한 지오반니 델 비르질리오 Master Giovanni del Virgilio에게 어떤 운문 시에 대한 응답으로 보낸 두 가지 아름다운 전원시를 지었다.

그는 또한 그의 화려한 송시 세 편에 대하여 피렌체 일상어로 주해하는 산문을 지었다. 그가 이를 시작했을 때, 그는 그 모두 다 주해를 하려 한 것 같은데, 그 후 마음이 변했는지, 혹은 시간이 없었는지, 그 이상을 더 하지 못하였다. 이 책을 그는 『향연Banquet』이라 이름 지었는데 매우 아름답고 찬양할 만한 작은 책이다.

그 후 그의 죽음이 가까울 무렵 『속어에 관하여On the Vurgar Tongue』라는 제목의, 누구든지 속어로 운문을 지으려는 사람들을 위한 가르침의 의도로 라틴어 산문을 썼다. 이 작은 책을 네 부분으로 하려고 그가 마음먹은 것 같으나, 죽음이 그를 압도하기 전에 그렇게 하지 못한 것인지, 혹은 다른 두 부분을 잃어버린 것인지, 겨우 두 부분만 현존한다.

훌륭한 이 시인은 또한 많은 산문 편지들을 라틴어로 썼는데 그중 몇 가지는 아직 남아 있다. 그는 『신생』에 나타난 것 외에도 많은 공을 들여 송시, 소네트와 다른 서정시들을 사랑과 윤리 면에서 지어냈는데 그들 중 어느 것도 지금 내게 특별한 언급을 요하는 것은 없다.

내가 위에서 기술한 그와 같은 작품들 속에다 이 유명한 남자는, 그의 사랑스러운 한숨, 그 경건한 눈물, 그 개인적이고 공적인 관심들을 위하여, 그 적대적인 행운의 여신의 다양한 요동 속에서도, 그가 구할 수 있는 모든 시간을 소비했다. 이러한 작품들이, 마치 모든 성공과 영예와 축복이 부의 구성인 듯, 오직 부자가 되려는 그 한 목적을 여러 길로 찾으며 배신, 도적질, 거짓말, 기만과 사기를 치는 오늘날 대부분 사람들보다는 오히려 하나님과 한 남자에게 훨씬 더 가까울 수 있다. 아, 어리석은 마음들이여! 한 시간의 단 한 번 짧은 찰나에 스러져 가는 육체에서 영이 나누이며, 이 모두 비난 받을 수고들이 헛것이 되어, 그 모든 것을 소진하는 시간이 그 부유한 사람의 기억을 속히 망치거나, 그의 수치를 잠시 보존할 것이다. 확실히, 이런 일이 우리 시인에게는 일어나지 않을 것이다. 오히려 우리가 보듯이 사용함으로 점점 더 빛나게 되는 전쟁의 도구처럼 그의 이름은 그처럼 빛나게 될 것이고 시간에 부딪치게 될수록 점점 더 빛남이 계속될 것이다. 그러므로 그 자신이 이해하지 못하는 일들을 비난하면서, 다른 사람들의 덕스러운 일을 평하려고 하지도 아니하면서, 헛된 추구를 하는 것에 힘쓰는 사람들이 원하는 대로 저 혼자서만 그렇게 하는 것으로 만족하게 놓아두라.[1]

---

1 15, 16 두 장을 보면,『단테의 일생』의 마지막 장(17) 쓰기를 남긴 보카치오가 그 자신의 단테에 대한 사랑과『신곡』에 대한 존경심이 최고점에 달한 느낌을 준다. 소위 사회 상류층 식자들의 무지함으로 천대를 받는 고귀한 옛 시인들의 라틴어 작품들을 보면서, 단테는 소수의 상류층은 물론 다수의 보통 사람들이 다 볼 수 있게 자신의 작품을 일상어로 쓰겠다고 결심하는 상황을 보카치오가 잘 설명하고 있다. 단테는 성서의 세계인 하나님과 그리스도의 사랑을 보통 사람들에게 알리려는 사명감을 가진 것이다. 동시에 단테는 옛 시인들의 작품들에서 그들의 고귀함도 겸하여 전하려는 열성을 보인다. 단테 자신이 그 시인들의 좋은 시로써 시를 배워『신곡』을 남길 수 있었기 때문이다.

제17장
단테 어머니의 꿈에 대한 설명과 결론

  모든 은혜를 주시는 그분의 허락하심을 받아 나는 이제까지 위대한 사람이며 빛나는 시인인 단테 알리기에리의 작품과 그의 가문, 학업, 그의 일생과 습관에 대해 간단히 소개를 해왔는데 그동안 남겨두었던 지엽적인 문제를 이제 다루려고 한다.

  사실 이 일을 잘 할 수 있는 위대한 사람은 단테 자신 외에는 아무도 없을 것이다. 이를 내가 한 것보다 더 잘 하겠다는 사람을 막을 수는 없는데, 우리의 단테에 대하여 혹시 조금이라도 내가 잘못한 것이 있으면 사실대로 말해야만 해서다. 그런데 아직까지는 아무도 그런 사람이 없었고 아직 나의 일은 끝나지 않았으며 그 계획의 일부가 결론으로 남아 있다.

  그것은 우리의 시인의 어머니의 꿈에 관한 것이다. 이에 대한 나의 의견을 빨리 짧게 전하고 이 책의 마무리를 지으려 한다.

그 고귀한 숙녀가 꿈에서 본 것은 큰 월계수 나무 아래 맑은 샘가에서 그녀가 아들을 낳았으며, 그 아이는 나무아래서 그 나무 열매를 먹고 그 샘물을 마시더니 큰 양치기가 되어서 그 월계나무 잎을 따려고 몹시 애를 썼다. 그는 겨우 나뭇잎을 따는 것 같더니만 그만 갑자기 나무에서 떨어졌는데 그 자리에 그는 간 데 없고 난데없이 공작새 한 마리만 남아 있더란다. 이 굉장한 일에 놀라서 부인은 잠에서 깨어나 더 이상 그를 볼 수 없었다.

현재는 물론 과거와 미래의 모든 사건을, 그 거룩하신 선은 그분 자신의 은혜의 관습대로 자연의 때에 일반 성직자에게 어떤 증거, 표시, 꿈, 또는 다른 방식으로 미리 보여 주시는데 이것은 우리 인간들 사이에서 특별한 효력을 지니어 자연의 모든 지식은 하나님 안에서 나온다는 경보를 우리가 미리 알리기 위해서다.

위와 같은 표시를 자세히 보면, 대시인이 이 세상에 나온다는 것을 알리는 것이다. 꿈속의 주인공의 어머니가 될 사람만큼 열정을 가지고 그것을 자세히 볼 수 있는 사람이 누가 있겠는가?
그 어머니 외에는 없을 것이니 단테에 대해 이제껏 말한 사실들로써 신께서 그 부인에게 보이신 것이 분명해진다. 그러므로 그분께서 의미하신 것들이 무엇인지 좀 자세히 관찰해보아야 한다. 실제로 꿈에서 본 그대로 부인은 얼마 후 아들을 낳았다.

우리는 그 어머니가 아기를 낳았다는 꿈에서 본 크고 높은 나무 아래의 중요성을 이해할 필요가 있다. 그것은 점성가들과 많은 과학자들의 견해에 따르면 그렇게 큰 물체들, 별들, 생산물들, 영양 섭취의 영향은 거룩한 은혜의 권능을 가로막지 않으면서 열등한 몸체들까지 미친다고 하는 것이다. 그러므로 그 뛰어난 몸은 그가 태어나는 시간의 지평선상에 부상하는 각도에 따라 가장 강력한 힘의 자질을 타고난다고 말한다.

그 부인이 단테를 낳은 월계수 나무 아래는 세계를 의미한다고 나는 생각한다. 그의 탄생은 하늘의 배치에 따른 것으로 위대한 마음과 시적인 영감을 가득 지닌 사람임을 예견해준다. 위에서 본 대로 그리스 신의 나무로 알려진 월계수는 그 잎들로 영예로운 시인에게 수여하는 월계관을 만드는 중요성이 있다.

꿈에서 그 아이가 영양을 취하려고 먹은 열매는 하늘의 배치에 따른 효력을 갖춘다는 것으로 설명할 수 있다. 말하자면 이 열매들은 단테의 배움을 뜻한다. 단테에게 가장 가치 있는 영양을 준 시poetry의 책들과 거기서 얻은 가르침들이다. 또 그가 마시는 맑은 샘물은 도덕적인 자연 철학의 가르침에서 얻은 부요함이다.

 샘물이 땅속 깊이 숨은 곳에서 솟아나듯이 이런 가르침은 지구의 부요인 자연의 본질과 풍부한 논증적 논법을 지니게 한다. 마치 음식을 먹는 사람이 음료수를 마셔야만 음식을 잘 소화시킬 수 있는 것처럼 어떠한 지식도 철학적인 논증의 배치 순서를 모르고서는 그 지성을 잘 받아들이지 못하는 것과 같다.

 그래서 우리가 아주 잘 말해야 하는 것은 그가 먹은 열매들은 시며, 그의 위는 지성이고, 소화시키는 맑은 물은 철학으로, 이러한 도움을 받아 단테는 최상의 정성을 쏟아 최상의 것을 공부하였다는 것이다.

 그가 갑작스레 양치기가 된 것은 그 재능의 탁월함을 나타내는 것으로 그가 필요한 학업을 마치고 그 학업으로써 짧은 시기에 위대한 사람이 되어서 그의 학업을 필요로 하는 다른 지성인들에게 정신적 지도자, 또는 정신의 양식을 주는 양치기가 되었다.

세상에는 모든 사람들이 쉬이 알 수 있는 두 종류의 양치기가 있다.

육신의 양치기와 혼soul의 양치기다.

육신의 양치기에도 두 종류가 있다. 하나는 보통 양치기로 가축을 돌보는 자들이다. 다른 하나는 각 집안의 가장들로서 그 관심은 주로 자녀들, 하인들과 집안에 딸린 사람들을 위하여 먹이고 보호하고 관리해야 하는 자들이다.

혼의 양치기도 두 종류가 있다고 할 수 있다.

하나는 하나님의 말씀을 살아 있는 혼들에게 먹이는 자들이다. 이들은 그들에게 부여받은 부서지기 쉬운 혼을 가진 사람들의 후견자로서 고위 성직자, 전도자, 사제직의 위임을 받은 자들이다.

다른 하나는 자신들의 배움으로써 일가견을 이룬 사람들이다.

이들은 고대인들이 쓴 것을 해석하거나 그들이 배우면서 본 바에 따라 빠진 것과 설명이 불충분한 것을 자신들의 새로운 방식으로 씀으로써 그들의 청중과 독자들의 혼과 지성을 가르친다.

그 배움의 종류가 무엇이든 간에 이들은 세상에서 박사로 불린다. 우리의 시인 단테는 쉽사리 이런 종류의 양치기가 된 것이다. 이 사실은 우리가 『신곡』을 보면 분명히 알 수 있다.

『신곡』의 감미로움과 아름다움은 남자들만 아니라 아이들과 여자들까지 소화할 수 있는 것은 물론, 잠시 이것을 읽기를 보류했던 강한 지성을 가진 사람들조차 그 안에 숨겨진 깊은 의미를 숙고해보면 그 매력과 참신함에 빠지기 때문이다.

그 아이가 열매를 먹고 그 나뭇잎을 갈망한 것은 월계관을 쓰는 계관 시인 되기를 원했다는 의미다. 그 어머니는 그 아이가 열심히 그 잎을 따려 하다 나무에서 떨어지는 것을 보았다. 이는 누구에게나 모르게 다가오는 죽음에 틀림없다. 위에서 말한 것을 살펴보건대 우리는 그의 죽음이 그가 가장 월계관 쓰기를 갈망할 때에 닥쳐 온 것임을 알 수 있다.

그 어머니가 다음에 본 것은 그가 떨어지자 양치기가 아닌 공작새가 그 자리에 있었다고 하는 것이다. 이 변화로서 우리는 그의 후대를 볼 수 있다. 그는 신곡에서 바로 공작새처럼 살아 있다. 이 것은 공작새와 단테의 성품을 함께 미루어 보면 알 수 있다.

공작새의 성품에서 주목할 만한 네 가지를 살펴보았다.

첫째, 천사 같은 깃털과 그 안에 100개의 눈이 있다.

둘째, 못생긴 발로 소리 없이 걷는다.

셋째, 매우 끔찍한 새소리를 낸다.

넷째, 그 고기는 향기롭고 잘 부패하지 않는다.

이 네 가지는 우리의 시인의 작품 신곡이 분명히 갖고 있는 성품들이다. 이를 비교 설명하겠다. 먼저 신곡의 의미는 공작새의 고기와 같다. 왜냐하면 여러분들이 신곡을 도덕적, 혹은 신학적이라 말하기 때문이다. 신곡의 어느 부분이든 대부분이 여러분을 기쁘게 하며 그 간단하고 변치 않는 진리가 부패를 받아들이지 않을뿐더러 깊이 조사를 하면 할수록 독자들에게 부패하지 않는 감미로움의 향기를 짙게 내뿜는다.

두 번째로 천사 같은 공작새의 깃털에 대해 말해본다. 천사 같다고 하는 것은 천사에 대해 또는 천사가 가진 깃에 대해 내가 안다는 것이 아니고 사람들이 하는 말을 들으면 그들이 날아다닌다고 하니 날개를 가졌을 것이라 짐작해서 하는 말이다.

그리고 새 중에서 공작보다 더 아름다운 날개를 가진 새를 모르니 천사의 것이 공작과 같으리라고 상상해서 하는 말이다. 나는 공작의 깃이 천사들의 것과 같다 하지 않고 천사의 것이 공작의 것과 같으리라 하였는데 이는 천사는 공작보다는 훨씬 고귀한 새인 까닭이다.

 몸을 감싼 공작의 화려한 깃털이 펼치듯, 단테의 신곡의 세련된 대화의 아름다움을 보여주는 신곡을 읽는 동안 알 수 있다. 즉 지옥으로 내려가면서 그곳에 머무는 인물들과 그 갖가지의 상황을 보는 것, 연옥의 산을 오르면서 그가 듣는 거룩하기를 바라는 자들의 슬픔과 울음, 다음에 천국으로 오르며 그가 보는 축복받은 자들의 그 말할 수 없는 영광의 대화들에서 본다.

 신곡에서 단테가 나누는 말들은 그토록 아름답고 섬세하여 그 이상의 아름다운 대화는 그 이전에는 아무에게서도 들어본 적이 없는 것들이다.

 신곡은 100곡으로 이루어졌는데 바로 공작새 꼬리에 있는 100개의 눈과 꼭 같다. 이 100곡들은 그 공작 꼬리의 눈들이 색채로서 분명히 분별되듯이 그 목표의 다양성에 맞추어 각 논문의 부분이 적절히 구분되어 있다. 그러므로 우리의 공작의 육신은 분명히 천사의 깃털로 덮여 있다.

같은 방식으로 설명하면 이 새의 발은 못생기고 자취는 조용하다는데 이도 『신곡』과 신기하리만치 들어맞는다. 왜냐하면 몸 전체는 발이 지탱하는데 단테가 지은 작품 모두가 그의 방식대로 쓴 것에서 분명해지기 때문이다.

즉 보통 일상어로서 신곡의 모든 것을 연결하여 구성한 점이다. 이는 당시 모든 시인들이 사용하던 높고 장려한 문학 형식과 비교해서 못생긴 것이었다. 비록 이가 그 아름다운 사람들보단 오늘의 취향에 더 알맞은 것일지라도 말이다. 그리고 그의 부드러운 발자국은 신곡이 무슨 뜻인지 아는 사람에게는 그 형식에 필요한 겸손함으로서 중요한 것이다.

마지막으로 공작새의 무서운 목소리를 말해본다. 겉으로는 우리 시인이 만든 신곡이 매우 기쁜 것일지라도 신곡이 확실히 반사하는 것은 그 안에 있는 급소를 깨닫는 사람에게 반응한다는 것이다.

그가 쓰디쓴 상상을 할 때, 살아 있는 많은 사람들의 잘못을 꾸짖을 때, 죽은 자들을 응징하러 뒤를 쫓아가 그 죄를 처리하는 그의 목소리보다 더 무섭게 울부짖을 수 있는 자가 누구겠는가? 그 이외는 아무도 없다.

그러므로 이에 관한 한 그가 진실로 무서운 목소리를 가졌다고 할 수 있다.

이런저런 이유로 그는 살아 있을 때는 양치기였고 죽은 후에는 공작이 되어 우리가 믿은 대로 거룩한 영감에 의해 그의 사랑하는 어머니 꿈대로 되었다. 이렇게 나는 시인의 어머니 꿈에 특별한 설명을 하였다.

나는 이렇게 위대한 임무에 필요한 능력이 없고 비록 허락을 받았을지라도 나의 주요 주제가 이를 용납하지 않을 수도 있는 것이다. 또 내가 그 능력을 가지고 있더라도 이 이상 잘 할 수도 없다.

왜냐하면 나보다 더 나은 욕망과 능력을 가진 사람이 말해야 할 여지를 남겨두어야 하기 때문이다. 그러니 지금 내가 충분히 보이는 것만 말하고 모자라는 것은 남겨두어서 누구나 이를 뒤따르는 사람들의 관심을 끌도록 해야 한다.

나의 작은 부르짖음이 다른 해안에서 떠났을 때 그 뱃머리가 곧장 향하던 항구에 다가왔다. 비록 이 항해는 짧고 그 바다는 얕고 잔잔하여 안전히 도착했을지라도 부드러운 미풍에 실려 주시어 끝까지 항해를 이끌어 주신 분께 감사드려야 마땅하다.

나는 내가 가진 모든 열정, 겸손, 헌신으로도 그분께 감사를 받은 만큼 감사드리지 못한다. 그러나 내가 드릴 수 있는 한껏 나는 영원히 그분의 이름과 가치가 축복받으시기를 바란다.

니콜스의 주

1. 여기서 단테의 이름은 '그는 주는 사람'이란 의미니, 신곡이 우리에게 주는 단테의 특별 선물이란 참조가 되는 해석이다.
2. 이는 8곡의 시작이다. 먼저 앞의 곡의 마지막 사건이 오래전에 일어났다는 참조는 신곡의 어디서도 찾지 못하는 형식이다. 이로서 보카치오의 계측을 믿게끔 이끈다.
3. 내가, 그 죽음의 강 국경 너머 그 광활한 나라들이 누운 데서 모든 혼들의 장점대로… 보상하는 가장 머나먼 나라들을 노래한다.
4. 보카치오를 위해, 그리고 단테를 위해, **희극**a comedy은 기본이 행복한 결말로 이끄는 '낮은lowly' 형식(일상어the vernacular)으로 쓴 작품이다.

'데카메론'Ⅵ, 9에서
(데카메론, 편집; 케사르 세그레Cesare Regre, 물시아Mursia, 1987)

과거의 우리 도시엔 찬양해 마지 않을 선한 관습이 한둘이 아니어서 오늘까지도 내려오는데, 도시의 부가 증가하면서 그것들을 모두 몰아낸 탐욕에 대해 너희가 감사하며 이를 알아야만 한다. 이와 같은 관습 중의 하나가 피렌체의 다른 구역들 가운데 있으니, 그 구역의 좋은 가문 태생 사람들이 함께하며, 다수의 조합들을 형성해 필수 비용을 감당하면서 그들을 보호할 수 있게 하는데, 그들 중의 하나가 오늘 하면, 내일은 다른 조합이, 그런 날에는 각각 행사하면서, 그 모든 조합을 위한 연회를 베풀었다. 그런 연회에 가끔은 우연히 거기 있던 유명 외지인들이나 때로는 동료 시민들이 있었다. 적어도 일 년에 한 번 거의 같은 방식으로 잘들 차려입고 가장 중요한 기념일에는 거리를 활보했으며, 때로는 특히 주요한 축제날, 그 도시의 승리, 무슨 선한 행운 소식이면 무장도 했다.

이러한 조합들 가운데 메셀 베토 부르넬레스키Messer Betto Brunelleschi라는 한 조합이 있었다. 베토와 그의 친구들이 귀도 카바르칸티Guido Cavalcnati를 그들 조합에 합류시키고자, 그가 원할 만한 이유를 위하여 갖은 머리를 짜냈다. 그가 세계 최고 논리학자들 중 하나며, 뛰어난 자연 철학가(친구들 무린 거의 주의하지 않음)임은 따로 놓아도, 매우 우아하고 세련된 사람이자 말도 유창했다. 그가 하고자 하는 건 무엇이나, 신사로서 적합한 무엇이나 다른 누구보다 더 잘할 수 있었다. 이에 더해 그는 부유했으며, 그가 적합하다 생각한 누구에게나 정말로 영예로운 방식이 무엇인가 알았다. 좌우간 베토는 그를 합류시키려는 설득에 절대 성공할 수 없었으니, 그와 그의 친구들이 생각한 건, 귀도가 자신을 둘러싼 주변을 그리도 분명히 잘 잊어버리는 생각 때문이라고 여겼다. 우연하게도 그가 쾌락주의자들 사상에 영향을 받았다 여겼기 때문인데 이에 대한 일반 믿음은 그런 공론이 신이 존재하지 않음을 유일하게 증명하는 게 목표였다고 하는 거다. 어느 날 우연히 귀도에게 이가 일어났으니, 그가 늘 하던 식으로, 오르산미켈로Orsanmichele를 떠나 코르소 데글리 아디마The Corso degli adimari를 지나 산 지오반니San Giovanni[1]까지 왔는데. 지금은 산타 레파라타Santa Reparata[2]에 있는 그러한 거대한 대리석 무덤들이 그런 날들엔 산 지오반니 주변에 다른 많은 것들과 거기에 여전히 있어서 거기의 반암의 기둥들과 무덤들과 산 지오반니의 닫힌 문 곁으로 그가 왔을

---

[1] 산 지오반니 교회가 지금은 세례당the Baptistery으로 일반화되었다.
[2] 산타 레파라타Santa Reparata는 그 세례당에서 몇 야드 떨어져 두오모the Duomo 아래 지금 누워 머무는 사람의 교회다.

때다. 베토와 그의 무리가 말에 타고서 피아자 산타 라파라타를 따라 걷다가 귀도가 그 무덤들 사이에 있음을 보자, 그가 말하길, '우리 가서 그를 괴롭히자.' 그들이 조롱하려고 말에 박차를 가해 그에게 오는데, 그가 먼저 그들을 알아챘다. 그들이 말하길, '귀도야, 네가 우리에게 합류하길 거절했으니 무엇이든 우리에게 바로 말을 해라. 네가 하나님이 존재하지 않음을 증명했을 때 그것이 너에겐 무엇이 좋으냐?' 그가 그들에게 둘러싸인 것을 보자 즉시 답하길, '너희들이 이 장소의 주인들이니, 너희 자신의 집에 내가 있음을 너희가 뭐라고 하려느냐?' 그 다음에 그의 손을 그런 큰 무덤 중 하나 위에 놓고, 가볍게 위를 계속 두드리는 식으로 그들에게서 탈출했다.

그들이 서로 마주보며 그가 바보라서 그의 대답은 아무 것도 아니라고 했으니 귀도가 그들 중의 어느 누구와도 상관이 없으며, 그들도 다른 시민들보다 그 장소와 더는 아무 상관이 없기 때문이라고 했다. 그때 베토가 그들에게 돌아서며 말하길, "바보는 너희들이다. 너희가 그를 이해하지 못했다. 정중한 짧은 몇 마디로 그는 세상에서 가장 모욕적인 말을 전했다. 너희가 이를 생각해보면, 이러한 무덤들은 죽은 자들의 고향이니, 왜냐하면 죽은 자들이 거기 놓여 있고 거기 머물기 때문이다. 그가 그것들이 우리의 집이라 말한 것은 우리 같은 사람들이 그와 다른 유식한 자들과 비교하면 어리석은 문맹자들이란 의미로, 우리가 여기가 우리 집이라고 말했기 때문에 우리는 그 죽은 자들보다 더 나쁘다." 그래서 그들 모두가 귀도가 뜻한 바를 깨닫고 자신들을 부끄러워했다. 그들이 다시는 귀도를 괴롭히지 않았으며, 그 이후로는 베토를 지적이고 명민한 사람으로 간주했다.

자서전 노트

지오반니 보카치오는 1313년 피렌체에서 혹은 그 근처에서 태어났으며, 피렌체 상인의 아들이었다. 1327년 무렵부터 그가 나폴리에 정착하고 법을 주로 공부했으나, 갈수록 문학에 관심을 품다가 문학 연구에 몰두하여, 여기서 그가 첫 작품들을 쓰게 되었다.

그가 1340년 피렌체에 돌아갔는데 거기서 그가 1348년 흑사병The Black Death의 잔악함을 증언했던 곳이다 – *데카메론 Decameron*을 위해서 영감을 끼친 한 사건이 있었는데, 그의 가장 유명한 작품이다. 1350년에 그가 페트라르크Petrarch와 친해져서, 이 관계가 페트라르크가 죽던 1374년까지 지속했다. 이것은 그 무렵으로 그가 *단테의 일생Life of Dante*을 쓰기 시작한 때이며, 그리고 그가 *신곡the Divine Comedy*에 관해서 연속 강연을 시작한 때로서, 피렌체 당국에서 적대적 대접을 받았음에도 그들이 이를 고수했다.

1375년 그의 죽음에 이르기까지 보카치오는 시, 우화, 로맨스를 포함한 다른 작품들을 다수 썼다. 그의 작품들은 많은 영국의 작가들에게 폭넓은 영향을 끼쳐서, 그의 추종자들을 세어보면, 초서, 셰익스피어, 키츠, 테니슨이 있다.

J. G. 니콜스John Gordon Nichols는 시인이자 번역가이다. 그가 출판한 번역서들에는, 귀도 고차노Guido Gozzano(이로써 그가 존 흘로리오John Florio상을 수상), 가브리엘 다눈치오Gabriel D'annunzio, 지아코모 레오파르디giiacomo Leopardi, 페트라르크(이로써 그가 몬세리체Monselice 상을 수상)의 시집들을 포함한다.